Daniel Kerscher

Bitcoin

Funktionsweise, Risiken und
Chancen der digitalen Währung

Über den Autor:

Dr. Daniel Kerscher absolvierte eine Ausbildung zum Bankkaufmann und ein Studium der Politikwissenschaft und Informationswissenschaft mit Promotion. Er beschäftigt sich seit vielen Jahren mit dem Finanzsystem und den digitalen Informationstechnologien und ist Autor des Buches „Handbuch der digitalen Währungen. Bitcoin, Litecoin und 150 weitere Kryptowährungen im Überblick".

Daniel Kerscher

Bitcoin

Funktionsweise, Risiken und
Chancen der digitalen Währung

Impressum

Daniel Kerscher: Bitcoin. Funktionsweise, Risiken und Chancen der digitalen Währung

ISBN: 978-3-9816017-1-8

2. überarbeitete und erweiterte Auflage 2014
Coverbild: © Nmedia – www.fotolia.de
Herstellung und Druck: Siehe Eindruck auf der letzten Seite

Copyright © 2014:
Kemacon UG (haftungsbeschr.)
Sossauer Str. 30
84130 Dingolfing
info@kemacon.de

1. Auflage 2013

Bibliographische Information der Deutschen Nationalbibliothek:
Die Deutsche Nationalbibliothek verzeichnet diese Publikation in der Deutschen Nationalbibliothek; detaillierte bibliographische Daten sind im Internet über http://dnb.d-nb.de abrufbar.

Inhalt

Einleitung

Geld ist ein wichtiges Instrument jeder modernen Gesellschaft und gleichzeitig ist es ein Spiegel der Entwicklungen und Technologien der jeweiligen Epoche. Im digitalen Zeitalter der letzten Jahre kam es deshalb zur Entwicklung von Währungen, die rein digital im Internet existieren.

Eine dieser digitalen Währungen ist Bitcoin. Seit der Einführung im Jahr 2009 erregt die Währung nicht nur die Aufmerksamkeit von erfahrenen Internetnutzern, die Bitcoin wegen der technischen Finesse mögen, sondern sie bekommt auch Zuspruch von Kritikern des bestehenden Banken- und Währungssystems, die nach besseren Alternativen suchen. Bitcoin findet auch zunehmend Verbreitung unter normalen Anwendern, denen das System eine einfache, schnelle und kostenlose Bezahlmöglichkeit bietet.

Obwohl die Software zur Verwaltung von Bitcoin sehr einfach zu bedienen ist, steckt hinter dem gesamten Bitcoin-Konzept eine komplizierte Logik, die nicht nur die rein technischen Aspekte umfasst, sondern auch die grundlegende Funktionsweise eines Geldsystems. Was Bitcoin von vielen anderen Währungen unterscheidet, ist die fehlende Kontrolle durch eine Institution, wie zum Beispiel eine Zentralbank. Dadurch kann die Geldmenge nicht einfach angehoben werden, denn das Bitcoin-System sieht eine Menge von maximal 21 Millionen Stück vor. Neben diesem im Vergleich zu den derzeit existierenden Währungen grundlegend anders gestalteten Konzept gibt es weitere Innovationen, beispielsweise die für Sender und Empfänger kostenfreie und anonyme Transaktion von Guthaben sowie die Möglichkeit, Bitcoin selbst zu generieren.

Die digitale Währung, die bei ihrer Einführung keinen Wert hatte und seit dem Jahr 2009 einen Kurssprung auf in der Spitze fast 900 Euro vollzog, hat viele interessante und neuartige Facetten. Bitcoin existiert erst seit wenigen Jahren und gerade zu Beginn eines neuen Systems gibt es zahlreiche Risiken, die sich aus der Natur der digitalen Währung ergeben, angefangen von Sicherheitsbedenken und Spekulationsblasen bis hin zu Verbotsszenarien. Das Bitcoin-System bietet aber auch zahlreiche Chancen, wie die langfristige Wertsteigerung und die Entstehung neuer Märkte. Dieses Buch will deshalb die technische Funktionsweise, die denkbaren Risiken und die möglichen Chancen der neuen digitalen Währung Bitcoin aufzeigen.

Die Grundlagen des Bitcoin-Systems

Bitcoin ist ein Kunstwort, das sich aus den englischen Bezeichnungen Bit, der kleinsten Maßeinheit für eine Daten- oder Informationsmenge, und Coin (eng. *coin* = Münze) zusammensetzt. Vereinfacht ausgedrückt definiert Bitcoin ein Set von Regeln in Form einer Software, die zur Erzeugung und Verwaltung von Geldeinheiten und zur Abwicklung von Zahlungen zwischen den Nutzern dient. Die Regeln schaffen ein Zahlungssystem in einem Netzwerk mit virtuellem Geld und kryptografischen Funktionen.

Der Begriff Bitcoin bezeichnet zwei unterschiedliche Dinge, einerseits das komplette Währungssystem, das aus einem globalen Netzwerk mit vielen Teilnehmern besteht und andererseits die einzelnen Währungseinheiten darin, die Bitcoin, die inoffiziell mit BTC abgekürzt und manchmal auch als „bitcoins" bezeichnet werden. Inzwischen wird gelegentlich auch die Abkürzung XBT verwendet. Gemäß der SO4217, der von der Internationalen Organisation für Normung publizierten Norm für Währungsabkürzungen, sollen Währungen, die nicht von einem Einzelstaat herausgegeben werden, als ersten Buchstaben ein X führen, während die beiden folgenden Buchstaben den Namen der Währung angeben, der im internationalen Zahlungsverkehr zur eindeutigen Identifizierung benutzt werden soll. Damit wird der rechtliche Status von Bitcoin deutlich, denn es ist eine Währung, die in keinem Land der Erde von staatlicher Seite anerkannt ist.

Während reguläres Geld in der Regel über Banken oder bei direkten Transaktionen in bar ausgetauscht wird, werden Bitcoin durch ein sogenanntes Peer-to-Peer-Computernetzwerk (P2P) transferiert. Das Netzwerk wird durch alle Teilnehmer gebildet, die eine bestimmte Software, den Bitcoin-Client, ausführen. Es gibt keinen zentralen Server zur Verwaltung und dadurch unterliegt Bitcoin nicht der Kontrolle durch eine Behörde oder Regierung. Ebenso wenig existiert eine Firma, die Bitcoin herausgibt oder betreut.

Bitcoin stellen eine elektronische Kette von Signaturen dar. Diese Signaturen sind mit elektronischen Informationen verknüpfte Daten, mit denen sich ein Signaturersteller wie mit einer eigenhändig geleisteten Unterschrift identifizieren lässt und die Integrität der signierten elektronischen Informationen überprüft werden kann. Bitcoin lassen sich in kleinere Einheiten unterteilen. Die gängigsten Einteilungen sind:

1 Bitcoin =	1 BTC
0,01 BTC =	1 cBTC (1 Centbitcoin oder bitcent)
0,001 BTC =	1 mBTC (1 Millibitcoin oder mbit)
0,000001 BTC =	1 µBTC (1 Mikrobitcoin oder µbit)
0,00000001 BTC =	1 Satoshi (kleinste teilbare Menge eines BTC, benannt nach dem Bitcoin-Erfinder Satoshi Nakamoto)

Bitcoin werden in einem dezentralen Computernetzwerk generiert und durch eine auf jedem Computer installierbare Software verwaltet. Damit lassen sich Bitcoin von einem Anwender auf den anderen übertragen. Die Übertragung erfolgt, wie beim Online-Banking, durch Überweisungen, die von jedem internetfähigen Gerät vorgenommen werden können, egal ob Computer, Smartphone oder Tablet.

Im Gegensatz zu Überweisungen im normalen Bankensystem, bei denen Name und Kontonummer des Empfängers bekannt sind, finden die Bitcoin-Überweisungen weitgehend anonym für alle Betciligten statt, da Sender und Empfänger nur durch einen mathematisch generierten Schlüssel aus Zahlen und Buchstaben miteinander in Verbindung treten. Auch für Dritte sind nur die Adressen einsehbar und es ist nicht nachvollziehbar, wer dahinter steht. Bitcoin soll dadurch so einfach wie Bargeld zu handhaben sein und gleichzeitig die Flexibilität einer elektronischen Überweisung ermöglichen.

Bitcoin ist ein Open-Source-Programm, denn der Quellcode ist für jeden frei zugänglich und einsehbar. Trotzdem soll die Sicherheit der Transaktionen garantiert werden. Dies wird durch kryptografische Schlüssel ermöglicht, die den Besitz der Bitcoin belegen. Die Kryptografie, die Wissenschaft der Verschlüsselung von Informationen, liefert wichtige Grundlagen für die Sicherheit von Bitcoin. Die Kryptografie ist von so fundamentaler Bedeutung für die digitale Währung, dass sie häufig auch als Kryptowährung bezeichnet wird. Die Bezeichnung Kryptowährung ist nicht ganz korrekt, denn eigentlich bezeichnet der Begriff Währung die Systematik und Ordnung des gesamten Geldwesens eines Staates. Bei Bitcoin handelt es sich aber um privat geschöpftes Geld ohne jegliche staatliche Garantien oder Regulierungen. In den USA hat sich jedoch der Begriff „cryptocurrency" durchgesetzt, sodass auch im Folgenden der Begriff Kryptowährung synonym mit digitaler Währung verwendet wird. Entsprechend der Gepflogenheit im deutschen Sprachraum, bei Geldmengen auf den Plural zu verzichten (beispielsweise 4,99 Euro), soll auch im Folgenden bei Bitcoin der Singular verwendet werden.

Der Besitz von Bitcoin wird durch eine elektronische Geldbörse ausgewiesen, die mit der Installation der Bitcoin-Software eingerichtet wird. Ähnlich wie eine reale Geldbörse, so muss auch die elektronische Geldbörse gegen Verlust, etwa in Form eines Festplattendefekts, aber auch gegen Diebstahl gesichert werden. In einer zentralen Verzeichnisdatei, der sogenannten Block Chain, erfolgt die Speicherung jeder Transaktion. Die Block Chain enthält sämtliche Transaktionen, die bisher im Netzwerk zwischen den Nutzern abgewickelt wurden. Das garantiert eine hohe Fälschungssicherheit, denn dadurch ist sichergestellt, dass ein Bitcoin-Betrag nicht zweimal ausgegeben werden kann, indem er an unterschiedliche Empfänger geschickt wird. Im Gegensatz zu normalen digitalen Dateien, die beliebig kopiert oder verändert werden können, verhindert die Verwendung kryptografischer Verfah-

ren dies bei Bitcoin. Mithilfe einer asymmetrischen kryptografischen Methode sowie der digitalen Signaturen ist es
praktisch unmöglich Bitcoin zu fälschen, denn in der Block
Chain wird nur die erste Transaktion erfasst und die zweite
verworfen. Damit wird das Problem des doppelten Ausgebens
desselben Betrages, das aufgrund der Kopierbarkeit digitaler
Informationen grundsätzlich besteht, auf einfache Weise gelöst. Gleichzeitig wird durch die Block Chain sichergestellt,
dass es keine zentrale Institution zur Verwaltung geben kann,
denn die Block Chain wird vom gesamten Netzwerk aktualisiert und ist jederzeit von allen Teilnehmern einsehbar. Sie
wird auf jeden Computer heruntergeladen, der die Grundver-
sion der Bitcoin-Software nutzt. Dadurch entsteht ein dezentrales Netzwerk. Das Fehlen einer zentralen Kontrollinstanz,
zum Beispiel einer Zentralbank, ist eine der wesentlichen Eigenschaften des Bitcoin-Systems.

Zahlungen werden mit Hilfe von Adressen abgewickelt, die
die Bitcoin-Software für jeden Empfänger neu generieren
kann. So wie jedes normale Konto einen bestimmten Kontostand hat, so hat auch jede Adresse einen jeweils spezifischen
Bestand an Bitcoin. Da die Adresse nur aus einer Kombination von Zahlen und Buchstaben besteht, ist damit keine Identifizierung der Handelspartner möglich, aber da in der Block
Chain alle Transaktionen verzeichnet werden und eine Kopie
dieser Datei auf jedem Computer des Netzwerkes gespeichert
werden kann, liegt ein für alle einsehbares Verzeichnis vor.

Die Bitcoin-Menge ist begrenzt. Insgesamt sind im Bitcoin-Protokoll 21 Millionen Stück vorgesehen. Sobald diese erzeugt sind, können keine weiteren Bitcoin mehr generiert werden, jedoch sind Bitcoin auch in kleinere Einheiten bis hin zu den sogenannten Satoshi teilbar. Da jeder Bitcoin aus 100.000.000 Satoshi besteht, ergeben sich 2,1 Billiarden Recheneinheiten. Im Gegensatz zu den regulären Währungen, die beliebig durch die Notenbanken vermehrt werden können und dadurch automatisch der Inflation unterliegen, ist Bitcoin eine deflationäre Währung mit einer limitierten Menge. Neue Bitcoin werden beim Prozess des sogenannten Mining ausgeschüttet. In diesem äußerst komplexen Rechenverfahren werden die Bitcoin-Transaktionen zu Blöcken zusammengefasst und verifiziert. Blöcke werden in Abständen von durchschnittlich zehn Minuten generiert und auf Richtigkeit geprüft. Die Blöcke werden dann der öffentlichen Datei, der Block Chain, hinzugefügt. Mining ist sehr komplex und erfordert umfangreiche technische Kenntnisse und große Rechenkapazitäten. Für diesen Einsatz erhalten die Miner, diejenigen, die Rechenleistung zur Verfügung stellen, eine Gegenleistung, denn jeder gelöste und zur Block Chain hinzugefügte Block enthält derzeit 25 neue Bitcoin.

Bitcoin ist eine digitale, dezentrale und anonym handhabbare Online-Währung, die weder durch eine Regierung noch durch eine zentrale Organisation gesteuert wird und die nicht durch Gold oder andere werthaltige Gegenstände gedeckt ist.

Der Unterschied zwischen digitalen Währungen und Bezahlsystemen

Obwohl Bitcoin als Zahlungssystem konzipiert ist, handelt es sich um kein weiteres Online-Bezahlsystem, wie etwa PayPal. Wenngleich es Gemeinsamkeiten gibt, beispielweise die digitale Speicherung der Daten, unterscheiden sich die Bezahl- von den Währungssystemen in wichtigen Punkten. Während bei Bezahlsystemen eine zentrale Betreiberfirma existiert, gibt es diese bei digitalen Währungen nicht. Bei Bezahlsystemen bleibt der Betrag in der Ursprungswährung, beispielsweise Euro, erhalten, während er bei einer digitalen Währung umgetauscht wird, zum Beispiel in Bitcoin. Daraus ergibt sich ein Wechselkurs zwischen der digitalen und der realen Währung.

Es lassen sich aber noch weitere Unterschiede im Vergleich zu digitalen Bezahlsystemen feststellen. Digitale Bezahlsysteme, wie zum Beispiel PayPal oder Kreditkarten, sind weit verbreitet und werden von vielen Stellen akzeptiert. Bei einer digitalen Währung ist dies nicht immer der Fall, da sie meist nur in kleinen Gruppen akzeptiert werden. Digitale Bezahlsysteme unterliegen gesetzlichen Regulierungen und müssen entsprechende Auflagen einhalten. Digitale Währungen sind meist unreguliert. Für digitale Bezahlsysteme bestehen Rückgaberegelungen und Garantien durch den Systembetreiber, während bei digitalen Währungen häufig keinerlei Garantien oder Schutzmechanismen existieren.

Am Beispiel von PayPal wird der Unterschied zwischen den beiden Systemen deutlich. Ein PayPal-Konto wird durch Geldzahlungen von einem Bankkonto oder einer Kreditkarte mit Geldmitteln versehen. Das Guthaben auf dem PayPal-Konto bleibt aber in der Ursprungswährung. Es findet kein Wechsel in eine andere Währung statt, wenn nicht ausdrücklich eine entsprechende Überweisung vorgenommen wird. Da die europäische PayPal-Niederlassung in Luxemburg eine Bankenlizenz besitzt, untersteht PayPal auch den europäischen Aufsichts- und Regulierungsrichtlinien. Da es sich um ein reines Online-Bezahlmedium handelt, wird durch das System keine neue Währung generiert, sondern es werden lediglich bestehende Währungen digital transferiert. Im Gegensatz dazu findet bei einem Online-Währungssystem vorab der Tausch eines Guthabens in eine neue Währung statt.

Virtuelle Bezahlsysteme stellen kein neues Phänomen dar, da lediglich vorhandenes Geld in das System transferiert wird. Eine digitale Währung, wie Bitcoin, ist jedoch ein Novum, das viele Fragen aufwirft und das von staatlicher Seite erst ansatzweise behandelt und reguliert wird. Auch die BaFin, die Bundesanstalt für Finanzdienstleistungsaufsicht, die das Finanzwesen in Deutschland reguliert, sieht Bitcoin nicht als digitales Bezahlsystem. Die BaFin definiert Bitcoin als

> eine virtuelle Währung, deren Transaktionen und Guthaben in einem dezentralen Netzwerk verwaltet werden. Durch kryptografische Berechnungen kann prinzipiell jeder Netzwerk-Nutzer an der Geldschöpfung teilnehmen.

Eine Zentralbank, die diese Aufgabe bei realen Währungen wahrnimmt, existiert daher nicht. (Jens Münzer: Bitcoins. Aufsichtliche Bewertung und Risiken für Nutzer. In: BaFin Journal Januar 2014, S. 26)

Da es keinen Emittenten gibt, stuft die BaFin Bitcoin als sogenannte virtuelle Währung ohne den Status eines gesetzlichen Zahlungsmittels ein. Es handelt sich vielmehr um ein Finanzinstrument in der Form von Rechnungseinheiten gemäß § 1 Absatz 11 Satz 1 Kreditwesengesetz (KWG). Die BaFin verbietet Bitcoin und andere private Zahlungsmittel nicht generell. Nur wenn mit diesen Zahlungsmitteln selbst Handel getrieben wird, muss dies von der BaFin genehmigt werden. Demzufolge muss jeder, der gewerbsmäßig Dienstleistungen im Zusammenhang mit Bitcoin, wie etwa den Betrieb eines Handelssystems, erbringen möchte, zunächst die Erlaubnis der BaFin einholen. Die bloße Nutzung von Bitcoin als Ersatzwährung zur Teilnahme am Wirtschaftskreislauf ist allerdings keine erlaubnispflichtige Tätigkeit. Auch das nicht geschäftsmäßige Mining sowie der Verkauf der dafür erhaltenen Bitcoin ist grundsätzlich keine erlaubnispflichtige Tätigkeit.

Das Bitcoin-System ist sehr einfach, da die Software leicht zu verstehen und einfach zu bedienen ist. Die dahinter stehende Logik ist allerdings sehr kompliziert. Um das Bitcoin-System besser verstehen zu können, ist zunächst die Betrachtung zweier Konzepte notwendig, die die Basis für Bitcoin bilden: die Kryptografie und die Funktionsweise von Geld.

Die sichere Basis: Kryptografie

Eine der Grundlagen für die Sicherheit von Bitcoin ist der Einsatz verschlüsselter Informationen bei der Übertragung. Die bei Bitcoin verwendeten Verschlüsselungstechnologien sind nicht völlig neu, denn das grundlegende Prinzip der Codierung von Nachrichten ist wesentlich älter als das digitale Zeitalter. Der Wunsch, dass Nachrichten nur vom Sender und vom Empfänger gelesen werden können, besteht seit Beginn der menschlichen Kommunikation über weite Entfernungen hinweg. Aus diesem Wunsch entstand die Kryptografie als Wissenschaft der Verschlüsselung von Informationen. Schon im alten Ägypten wurden Geheimschriften benutzt, ebenso im Mittelalter und der Neuzeit.

Lange Zeit waren für die Verschlüsselung von Nachrichten nur symmetrische Systeme im Einsatz, bei denen zur Ver- und Entschlüsselung identische Schlüssel zum Einsatz kamen. Bei symmetrischen Systemen erlaubt der Besitz des Schlüssels sowohl das Verschlüsseln einer Nachricht als auch das Entschlüsseln. Dazu muss die Verschlüsselungsinformation zwischen zwei Kommunikationspartnern auf möglichst sicherem Weg ausgetauscht werden, was zusätzliche Probleme aufwirft. Zudem werden bei mehreren Kommunikationspartnern auch mehrere Schlüssel benötigt, wenn nicht jeder alle Nachrichten entschlüsseln können soll. Die Grundproblematik, die Vorlage der gleichen Schlüssel bei Sender und Empfänger der Nachricht, blieb bei allen symmetrischen Systemen, die im Laufe der Jahrhunderte immer weiter verfeinert wurden, bestehen. Im Informationszeitalter nahm allerdings sowohl der Bedarf an sicherer Nachrichtenübermittlung als auch die Komplexität der Verschlüsselung zu. Aus der Kryptografie entwickelte sich deshalb der Forschungszweig der Informationssicherheit, deren Ziel die Schaffung von Informationssystemen ist, die gegen unberechtigtes Lesen und Verändern geschützt sind. Ein Durchbruch im Rahmen der Informationssicherheit war die Entwicklung asymmetrischer Verschlüsselungssysteme in den 1970ern.

Bei einem asymmetrischen Kryptosystem wird ein Paar zusammenpassender Schlüssel eingesetzt. Ein öffentlicher Schlüssel, der zum Verschlüsseln von Nachrichten für den Schlüsselinhaber benutzt wird, und ein privater Schlüssel, der geheim gehalten werden muss und zur Entschlüsselung eingesetzt wird. So nutzen beispielsweise die im Internet weit verbreiteten Protokolle SSH, SSL/TLS und HTTPS asymmetrische Kryptoverfahren.

Bitcoin nutzt ebenfalls ein asymmetrisches Kryptosystem in Form eines Public-Key-Kryptosystems, da unterschiedliche Schlüssel für die Ver- und Entschlüsselung eingesetzt werden. Ein Nutzer erzeugt ein Schlüsselpaar, das aus einem geheimen Teil, dem privaten Schlüssel, und einem nicht geheimen Teil, dem öffentlichen Schlüssel, besteht. Der öffentliche Schlüssel ermöglicht es jedem, Daten, die für den Inhaber des privaten

Schlüssels bestimmt sind, zu verschlüsseln oder dessen digitale Signaturen zu prüfen. Der private Schlüssel ermöglicht seinem Inhaber, mit dem öffentlichen Schlüssel verschlüsselte Daten zu entschlüsseln, digitale Signaturen zu erzeugen oder sich zu authentifizieren. Der private Schlüssel ist deshalb vergleichbar mit der persönlichen Unterschrift zur Freigabe von Dokumenten. Die digitale Signatur wird aus dem privaten Schlüssel und den zu signierenden Daten beziehungsweise ihrem Hashwert berechnet. Ein Hashwert ist ein Wert fester Länge der typischerweise als hexadezimale Zeichenkette codiert ist und der aus beliebigen Eingabedaten gewonnen werden kann. Er wird durch einen Algorithmus berechnet, der eine beliebig große Eingabemenge auf eine kleinere Zielmenge abbildet. So ergibt beispielsweise der Satz „Das ist ein Passwort." durch die Berechnung mit dem MD5-Algorithmus den Hashwert „b6ea69ae42b92b4201056aa3c09e4735a873f4 8d1be3f2d0b8-e4a058d49ad7b5". Der Satz „Das ist kein Passwort." ergibt den völlig anders lautenden Hashwert „e687b134da0dd208a9b52e88d42eda73f7d9fff517e46a98fd3 633868714c70b", obwohl bei der Eingabe nur ein Buchstabe hinzugefügt worden ist.

Die wesentliche Eigenschaft eines aus Zahlen und Buchstaben bestehenden Hashwertes ist, dass durch ihn keine Rückschlüsse auf den ursprünglichen Eingabewert möglich sind. Aus einer bestimmten Zeichenfolge lässt sich zwar immer der gleiche Hashwert berechnen, aber umgekehrt kann aus dem

Hashwert nicht wieder der ursprüngliche Eingabewert errechnet werden. Der Hashwert hat Einwegcharakter. Diese Eigenschaft macht Hashwerte für die Speicherung von Passwörtern und anderen sensiblen Daten interessant. Statt des Passwortes wird oft nur der Hashwert eines Passwortes gespeichert. Wird das Passwort bei der Anmeldung an das System eingegeben, wird daraus der Hashwert errechnet und dieser mit dem abgespeicherten Hashwert verglichen. Sollten die Anmeldedaten in die Hände unberechtigter Dritter gelangen, ist es aufgrund des Einwegcharakters der Hashfunktion für den Angreifer schwieriger das ursprüngliche Passwort zu ermitteln. Hashwerte werden auch zur Überprüfung der Datenintegrität genutzt. Da eine Hashfunktionen mit gleicher Dateneingabe auch stets gleiche Hashwerte liefert, kann auf diese Weise überprüft werden, ob Daten bei einer Übertragung über ein unsicheres Netz verfälscht wurden. Dieses Prinzip wird auch bei digitalen Signaturen genutzt.

Die digitalen Signaturen von Bitcoin sind Teil des asymmetrischen Kryptosystems, das öffentliche und private Schlüssel einsetzt. Der öffentliche Schlüssel ist mit einer Kontonummer vergleichbar, während der private Schlüssel wie eine Unterschrift oder TAN wirkt. Dadurch ist eine sichere Übertragung von Bitcoin möglich. Ein Großteil der kryptografischen Prozesse wird von der Bitcoin-Software im Hintergrund erledigt. Die Nutzer müssen lediglich den öffentlichen Schlüssel austauschen und die Transaktion initiieren.

Die Funktionsweise von Geld

Obwohl das Bitcoin-System eine digitale Währung ist, weist es doch Gemeinsamkeiten mit bereits bestehenden Währungssystemen auf und auch die grundlegenden Funktionen des Geldes will Bitcoin erfüllen. Geld wird seit jeher für den Austausch von Waren und Dienstleistungen benutzt. In der heutigen Zeit findet ein Großteil der Geldtransaktionen bereits auf elektronischem Weg statt, aber vor der Digitalisierung waren Münzen und Scheine das gängigste Zahlungsmittel. Davor war es lange Zeit üblich, mit Waren- oder Naturalgeld im Tauschhandel zu bezahlen.

Der Tauschhandel war praktisch, wenn beide Parteien jeweils das haben wollten, was die andere Partei anzubieten hatte. Der einstufige Tausch, Ware gegen Ware, schränkte aber viele Geschäfte stark ein, da nicht immer passende Tauschgegenstände vorhanden waren, die beide Tauschpartner haben wollten. Oftmals mussten mehrere Tauschvorgänge zwischen unterschiedlichen Personen vorgenommen werden, um letztendlich das gewünschte Gut zu erhalten. Das erhöhte nicht nur die Kosten, sondern dauerte auch länger. Im Laufe der Zeit wurde deshalb das Naturalgeld durch Edelmetalle, allen voran Gold und Silber, aber auch Bronze und Kupfer, ersetzt. Diese Metalle haben den Vorteil, dass sie schwer zu bekommen sind und deswegen nur in begrenzter Menge zur Verfügung stehen, wenig Lagerfläche benötigen, leicht teilbar sind und im Gegensatz zu Tieren oder Nahrungsmitteln nicht verderben.

Lange Zeit waren deshalb Münzen und später Scheine weit verbreitet. Die Form des Geldes kann sich jedoch immer wieder ändern und den aktuellen Verhältnissen anpassen, denn nach dem Ende des Zweiten Weltkriegs wurden in Deutschland kurzzeitig auch Zigaretten als Geld akzeptiert. Auf einigen Inseln des Pazifiks wird heute noch mit Muscheln oder auch mit Steinscheiben, die ein Loch in der Mitte haben, bezahlt. Mittlerweile ist ein Großteil des Geldes aber nicht einmal mehr in Form von Münzen oder Scheinen vorhanden, sondern nur noch elektronisch als Guthaben auf Konten. Unabhängig von der Form ist im Allgemeinen also Geld, was als Geld gilt und als solches akzeptiert wird. Die Akzeptanz kann global sein, wie beim US-Dollar, der in vielen Ländern neben der nationalen Währung als Zahlungsmittel akzeptiert wird; sie kann national sein, wie zum Bespiel beim britischen Pfund, das nur in Großbritannien als Zahlungsmittel gilt; aber auch regional, wie beispielsweise beim Chiemgauer, einer privaten Regionalwährung im Rosenheimer Raum.

Unabhängig davon, ob Geld in Form von Muscheln, Edelmetallen oder digitalen Ziffern akzeptiert wird, weist es stets drei wichtige Funktionen auf:

1. Tausch- und Zahlungsmittel

Geld wird als Tauschmittel benutzt, um den Austausch von Gütern und Dienstleistungen zu vereinfachen. Geld ersetzt die zahlreichen Wechselbeziehungen zwischen einzelnen Gütern, die im reinen Tauschhandel notwendig sind. Dadurch wird der

Warenaustausch erleichtert. Geld kann aber auch als Kredit vergeben und zur Begleichung von Schulden benutzt werden. Bei derartigen Transaktionen wird Geld dann als Zahlungsmittel benutzt. Um diese Funktion zu erfüllen, muss Geld bei allen Teilnehmern am Warenverkehr akzeptiert werden. Überdies muss Geld fungibel sein. Diese Eigenschaft beschreibt die leichte Aus- und Umtauschbarkeit. Fungible Werte werden nicht individuell, sondern der Gattung nach bestimmt und können durch andere Stücke gleicher Menge ersetzt werden. So sind beispielsweise zwei 100-Euro-Scheine beliebig austauschbar, da sie keine besonderen individuellen Merkmale besitzen, die einen Schein wertvoller machen als den anderen.

2. Recheneinheit

Die Einteilung von Geld in bestimmte Einheiten erlaubt es, Waren und Vermögenswerte in einer generellen Bezugsgröße zueinander auszudrücken. Dadurch lassen sich verschiedene Güter vergleichen und ihr Wert abschätzen. Das Geld dient dabei als Recheneinheit und als Maßstab zur Bewertung. Statt beispielsweise das Tauschverhältnis von Kartoffeln gegen Äpfel zu kennen, muss der Käufer nur noch den Preis von Kartoffeln und Äpfeln wissen. Er kann dadurch den Wert beider Güter abwägen und durch Geld gegeneinander tauschen. Um diese Funktion erfüllen zu können, muss Geld in ausreichende und praktikabel teilbare Einheiten untergliedert sein.

3. Wertspeicher

Beim direkten Tausch zweier Güter werden diese meist sofort gegeneinander ausgetauscht. Durch den Einsatz von Geld kann der Austausch von Waren auch zu unterschiedlichen Zeitpunkten erfolgen. Wenn etwas heute verkauft wird und mit dem Geld erst später wieder etwas gekauft wird, dann speichert das Geld den Wert der verkauften Güter und gibt diesen später wieder frei. Dieses Prinzip wird auch beim Sparen verfolgt. Der Sparer bewahrt den Wert seiner geleisteten Arbeit oder seines verkauften Gutes, indem er das Geld nicht sofort ausgibt, sondern es später bei Bedarf wieder abruft. Um die Funktion des Wertspeichers erfüllen zu können, müssen Material und Wert des Geldes beständig sein. Damit ist neben der Wertstabilität auch die physische Stabilität des Geldes gegen jede Form der Zerstörung gemeint. Gutes Geld sollte widerstandsfähig und robust gegen Natureinwirkungen sein. Aus diesem Grund waren lange Zeit Edelmetalle die Grundlage jeglicher Währung.

Über viele Jahrhunderte hindurch war es üblich, dass jede Währung einen intrinsischen Wert hatte. Das Geldstück an sich hatte einen Wert, weil es aus Gold und Silber hergestellt war. Gold und die anderen Edelmetalle waren selten und deshalb entsprechend begehrt. Egal, ob in der Antike, im Mittelalter oder in der frühen Neuzeit, immer gab es Gold- und Silbermünzen, die einen bestimmten Wert hatten. So war es meist auch nebensächlich, woher diese Münzen kamen oder wer sie geprägt hatte. Allein die Tatsache, dass die Münzen aus Gold oder Silber bestanden, machte sie als Zahlungsmittel wertvoll. So war beispielsweise der spanische Peso im 17. und 18. Jahrhundert eine der wichtigsten Handelsmünzen der Welt. Er wurde in Spanien und den amerikanischen Kolonien in riesigen Mengen geprägt und war weltweit akzeptiert. Noch heute heißen die Währungen vieler lateinamerikanischer Länder Peso und selbst das Dollarsymbol $ stand ursprünglich für den spanisch-mexikanischen Peso und wurde später auch für den US-Dollar verwendet.

Mit dem Aufkommen von Papiergeld änderte sich jedoch die Bedeutung und Verbreitung von Gold- und Silbermünzen. In China war das Papiergeld schon länger bekannt, aber in Europa wurde es erstmals 1483 in Spanien als Ersatz für fehlende Münzen eingesetzt. Ab 1609 gab die Bank von Amsterdam Papierscheine aus, achtete dabei aber immer auf ausreichende Deckung durch Münzen. In Deutschland wurden erstmals 1705 in Köln Papierzettel als Banknoten herausgegeben. Die ersten Papierscheine stellten noch eine Art Schuldschein dar. Die Unterzeichner, meist die ersten Banken, garantierten, eine entsprechende Menge Gold zu besitzen und auf Verlangen gegen den Papierschein einzutauschen. Somit war es nicht mehr notwendig, einen Beutel Goldmünzen mit sich herumzutragen, denn es gab ein entsprechendes Papier, das den Besitz bewies, und dieses konnte jederzeit gegen die real existierenden Münzen eingetauscht werden.

Das Vertrauen in Papiergeld beruhte lange Zeit darauf, dass das Papier nur ein Wechsel war, der jederzeit in Münzgeld umgetauscht werden konnte. Dieses Vertrauen war durch ausreichende Bestände an Gold- und Silbermünzen in den Tresoren der Banken begründet. Mit der Zeit veränderte sich die Lagerhaltung weg vom Silber, das in größeren Mengen vorkam und mehr Lagerplatz benötigte. Viele Länder setzten zur Deckung ihrer Währungen nur noch auf Gold. In Großbritannien, Deutschland, Frankreich und den USA existierte seit dem 19. Jahrhundert der reine Goldstandard. Die im jeweiligen Land im Umlauf befindlichen Banknoten konnten ab einer bestimmten gesetzlich festgelegten Mindestsumme bei der Zentralbank in Gold umgetauscht werden. Die Aufgabe der Notenbanken bestand darin, die Höhe der Goldreserven des Landes durch Käufe und Verkäufe an die Zentralbanken anderer Länder in dem Umfang zu halten, dass die Bindung der Währung an den Goldstandard gesichert war. Dadurch sollte stets eine ausreichende Menge an Gold vorhanden sein, um die Deckung des zirkulierenden Papiergeldes gewährleisten zu können.

Mit Gründung der amerikanischen Notenbank, des Federal Reserve System oder kurz Fed, durch den Federal Reserve Act im Jahr 1913 wurde das Einlöseversprechen des Papiergeldes in den USA gelockert. Es konnten nur noch 40 Prozent des aufgedruckten Wertes eines Geldscheins gegen Gold eingetauscht werden. Im Umkehrschluss konnte die US-Regierung das Geldvolumen um 60 Prozent erhöhen, da der Goldvorrat nur noch 40 Prozent des Geldvolumens abdecken musste. Dies machte die Finanzierung des Ersten Weltkrieges für die USA wesentlich leichter. Die Kosten des Ersten Weltkrieges zwangen auch viele andere Länder den Goldstandard aufzugeben und mehr Papiergeld zu drucken als durch die eigenen Goldreserven gedeckt waren. Eine Rückkehr zu dem alten System goldgedeckter Währungen wurde durch die Weltwirtschaftskrise am Ende der 1920er Jahre verhindert.

Im Zuge der Weltwirtschaftskrise war die US-Regierung 1934 gezwungen, den Dollar um 41 Prozent abzuwerten, indem sie den Preis einer Feinunze Gold (= 31,1 Gramm) von 20,67 Dollar auf 35 Dollar anhob. Dadurch stieg der Wert der amerikanischen Goldreserven schlagartig um fast 70 Prozent. Der Dollar war wieder vollständig durch Gold abgesichert, obwohl der Goldvorrat der USA nicht zugenommen hatte.

1944 wurde mit dem Abkommen von Bretton Woods, an dem 44 Staaten teilnahmen, darunter alle großen Industrienationen, der Goldstandard international festgeschrieben. Der Goldpreis wurde bei 35 Dollar je Feinunze fixiert und die Währungen aller Unterzeichnerstaaten wurden an den Dollar gekoppelt. Die Notenbanken verpflichteten sich zu einem System fester Wechselkurse mit engen Schwankungsbreiten, das sie durch Währungskäufe und -verkäufe unterstützen wollten. Alle Zentralbanken der teilnehmenden Länder waren anderen Zentralbanken gegenüber verpflichtet, Devisen gegen Gold zu einem festen Kurs von 35 Dollar pro Feinunze einzutauschen. Zur Überwachung und Kontrolle dieses Systems wurde der Internationale Währungsfonds (IWF) geschaffen.

Das Bretton-Woods-Abkommen garantierte für mehrere Jahrzehnte einen fixen Goldpreis und feste Wechselkurse. Die wirtschaftlichen Verflechtungen zwischen den Ländern wurden jedoch immer enger und im Rahmen des Kalten Krieges mussten die USA nicht nur für viele Länder Wirtschafts- und Aufbauhilfe leisten, sondern auch die Kriege in Korea und Vietnam finanzieren. Die amerikanische Außenpolitik, die vielfältige Zahlungen an befreundete Staaten leistete, um diese für sich und gegen die Sowjetunion einzunehmen, hatte einen beständigen Dollarstrom aus den USA in andere Länder zur Folge.

Das System von Bretton Woods geriet zunehmend in Schieflage. Vor allem Frankreichs Präsident Charles de Gaulle war gegenüber dem US-Dollar sehr misstrauisch. Frankreich begann deshalb verstärkt Dollar bei der US-Notenbank gegen Gold zu tauschen. 1966 wurden durchschnittlich zehn Tonnen Gold pro Woche von New York nach Paris transportiert. Ob der Transport per Flugzeug, Schiff oder U-Boot abgewickelt wurde, ist unklar, aber der Transport an sich war bereits ein Novum. Die Zentralbanken der anderen Länder begnügten sich damit, das durch Umtausch von Dollar erworbene Gold einfach in ihre bei der New Yorker Filiale der Fed reservierten Tresoräume schaffen zu lassen. Nur Frankreich bestand auf der Auslieferung realen Goldes. So ist es nicht verwunderlich, dass der Goldvorrat der USA in den 1960er-Jahren kontinuierlich dahinschmolz und historische Tiefstände erreichte.

Anfang der 1970er-Jahre konnten die USA ihre Verpflichtung, den Goldpreis bei 35 Dollar pro Unze zu halten, nicht mehr erfüllen. Das Land hatte nicht mehr genügend Gold, um all die weltweit zirkulierenden Dollar zu decken. Im Jahr 1971 kündigte Präsident Richard Nixon das Bretton-Woods-Abkommen, die Goldpreisbindung und das System fester Wechselkurse auf. Zukünftig sollten frei schwankende Wechselkurse den Wert der Währungen zueinander bestimmen. Dies führte in den folgenden Jahrzehnten zu größeren Schwankungen zwischen den Währungen und schuf den Devisenmarkt in seiner heutigen Form mit volatilen Wechselkursen zwischen den einzelnen Währungen. Durch die freien Wechselkurse stieg der Handel der Währungen untereinander sprunghaft an. Derzeit weist der weltweite Devisenmarkt ein tägliches Handelsvolumen von etwa fünf Billionen US-Dollar auf. Mehr als ein Viertel des Handelsvolumens entfallen auf Transaktionen zwischen Euro und US-Dollar.

Das Ende des Bretton-Woods-Abkommens hatte also einerseits einen ungebundenen Goldpreis und andererseits schwankende Wechselkurse zur Folge. Die bis dahin existierende Verbindung zwischen dem Goldpreis und den Währungen, die durch den US-Dollar und den fixen Goldpreis von 35 Dollar je Unze bestanden hatte, existiert seitdem nicht mehr. Dies führte dazu, dass die Währungen nicht mehr durch Gold gedeckt werden mussten und die Zentralbanken aller Länder einfach Geld drucken konnten. Die Währungen wurden dadurch zu Fiat-Währungen (lat. *fiat* = es werde).

Der Begriff Fiat-Währung bezieht sich auf die fehlende Deckung der Währung durch reale Werte, denn eine Regierung oder eine Zentralbank hat bei einer Fiat-Währung einfach beschlossen, dass aus dem Nichts eine Währung entstehen wird, die nicht durch Gold oder andere werthaltige Güter gedeckt ist. Es handelt sich um Fiat-Geld, das auf dem Vertrauen der Bürger in die Kreditwürdigkeit ihrer Regierung beruht. Die Regierungen wiederum finanzieren sich hauptsächlich über Steuereinnahmen. Die Bürger vertrauen darauf, dass das von der Regierung ausgegebene Geld seine Funktionen erfüllen kann und vor allem dass es seinen Wert behält. Wie wenig Vertrauen in die frei schwankenden Währungen bestand, zeigt der Goldpreis, der 1980, neun Jahre nach dem Ende des Bretton-Woods-Abkommens, von 35 auf 850 US-Dollar je Feinunze gestiegen war.

Mit dem Ende des Bretton-Woods-Abkommens und der zunehmenden Digitalisierung wird die Unterscheidung zwischen Zentralbankgeld und Buchgeld immer wichtiger. Das sogenannte Zentralbankgeld besteht aus den umlaufenden Banknoten und Münzen sowie den Sichtguthaben der Geschäftsbanken bei der Notenbank. Aufgrund der Mindestreserveverpflichtung müssen die Banken die von ihnen vergebenen Kredite durch Guthaben bei der Zentralbank absichern. Diese Guthaben erhalten die Geschäftsbanken durch Refinanzierungsgeschäfte, indem sie bei der Zentralbank Kredite zum Leitzins aufnehmen. Die Menge der Sichtguthaben ist über den Leitzins steuerbar. Durch einen niedrigen Leitzins können sich die Geschäftsbanken günstiger refinanzieren und ihrerseits mehr Kredite an Unternehmen und Verbraucher vergeben.

Während das Zentralbankgeld nur durch die Zentralbank geschaffen werden kann, ist es den Geschäftsbanken ebenfalls möglich Geld zu schaffen. Es handelt sich dann um sogenanntes Buchgeld oder Giralgeld. Dieses Geld entsteht bei der Kreditvergabe einer Bank an einen Kunden und der Gutschrift des Betrages auf dessen Darlehenskonto. Der Kunde, egal ob Unternehmen, Privatperson oder die öffentliche Hand, kann dann über den Betrag ganz normal verfügen. Durch einen simplen Buchungsvorgang ist Geld aus dem Nichts entstanden. Obwohl es sich nur um eine Forderung handelt, können mit dem auf diese Weise geschaffenen Geld Rechnungen bezahlt werden. Während das traditionelle Bankengeschäft in der Weitergabe von Spareinlagen der Kunden als Kredit an andere Kunden bestand, hat sich dies mittlerweile geändert. Die Banken brauchen nicht mehr den vollen Kreditbetrag durch Spareinlagen ihrer Kunden zu decken. Durch die Mindestreserve bei der Notenbank können sie Geld aus dem Nichts schaffen, denn die geforderte Mindestreserve ist viel niedriger als der Kreditbetrag. So hat zum Beispiel die Europäische Zentralbank (EZB) den Mindestreservesatz im Jahr 2012 von zwei Prozent auf ein Prozent gesenkt. Dadurch müssen Geschäftsbanken bei der Vergabe eines Kredites über beispielsweise 10.000 Euro nur 100 Euro als Mindestreserve bei der EZB hinterlegen. Selbst die dazu notwendige Mindestreserve muss nicht aus Spareinlagen der Kunden bestehen, denn die Notenbank kann sie auch als Kredit gegen die Hinterlegung von Wertpapieren gewähren. Die Schöpfung von Buchgeld wird damit stark vereinfacht. Der Ausdehnungsprozess der Geldmenge geht aber noch weiter. Denn das als Kredit geschaffene Buchgeld wird bei anderen Geschäftsbanken hinterlegt, etwa durch Bezahlung von Rechnungen. Dadurch wird es zu einer Einlage und kann wiederum als Mindestreserve für die Vergabe weiterer Kredite genutzt werden. Dadurch ist es den Geschäftsbanken möglich bereits mit geringen Einlagen die sogenannte multiple Geldschöpfung zu betreiben.

Obwohl der Prozess der Geldschöpfung in vielen Ländern auf ähnliche Weise abläuft, ist er jeweils auf eine Währung beschränkt. Die frei schwankenden Wechselkurse, die nach dem Ende des Bretton-Woods-Abkommens entstanden sind, verstärken den Ausdehnungsprozess der Geldmenge aber auch international. Sie entwickelten sich in den letzten Jahren zunehmend zu einer politischen Waffe, wenn einzelne Länder ihre Währungen abwerten, indem sie vermehrt Geld drucken.

Schwache Währungen machen die eigenen Waren auf ausländischen Märkten günstiger und befeuern den Export. In einer zunehmend exportorientierten Weltwirtschaft löst dies einen „Währungskrieg" zwischen wirtschaftlich starken Nationen aus, die sich darum bemühen, die jeweils schwächste Währung zu haben, um den eigenen Export zu unterstützen. Gleichzeitig leidet darunter die einheimische Bevölkerung, die mit der schwachen Währung entlohnt wird und die sich dadurch immer weniger leisten kann. Die Abwertung der eigenen Währung lässt sich am besten über die Notenpresse und das größere Angebot der eigenen Währung erreichen. Wenn die neu geschaffene Geldmenge den freien Markt erreicht, führt dies zu einer steigenden Inflation.

Den Prozess der Inflation und Geldmengenausweitung will das Bitcoin-System verhindern. Genau wie die Edelmetalle, die lange Zeit die Grundlage jeder Währung bildeten, sind auch Bitcoin limitiert. Durch die Begrenzung der Bitcoin-Menge auf 21 Millionen Stück, die in der Software festgeschrieben ist, kann es nicht zu einer ständigen Ausweitung der Geldmenge kommen.

Im Gegensatz zu den bestehenden Fiat-Geldsystemen, die in ihrer Natur inflationär sind, setzt das Bitcoin-System durch die Begrenzung der Gesamtmenge auf 21 Millionen Stück auf eine deflationäre Entwicklung. Durch die Limitierung soll jeder Bitcoin immer wertvoller werden. Neben dieser grundlegend anders ausgelegten Konzeption greift die digitale Währung auch einige Ideen der sogenannten Österreichischen Schule der Ökonomie auf. Dieser Zweig der Volkswirtschaftslehre wird durch österreichische Ökonomen wie Ludwig von Mises und Friedrich August von Hayek vertreten. Wesentliche Eckpunkte dieser Strömung der Volkswirtschaftslehre sind die Betrachtung der dynamischen Unsicherheit wirtschaftlicher Abläufe, die Bedeutung des einzelnen Menschen und seiner individuellen Vorlieben für die wirtschaftlichen Prozesse sowie eine gewisse Abneigung gegenüber der in vielen ökonomischen Theorien verbreiteten mathematischen Darstellungsform volkswirtschaftlicher Zusammenhänge.

Einer der bedeutendsten Vertreter der Österreichischen Schule war der Wirtschaftswissenschaftler Ludwig von Mises, der 1940 von der Schweiz aus in die USA emigriert war und dort von 1945 bis 1969 an der New York University lehrte. In der von ihm entwickelten Konjunkturtheorie lag die Verantwortung für die sich abwechselnden Konjunkturzyklen – Aufschwung, Boom, Rezession und Depression – bei den Banken und Zentralbanken sowie der von ihnen betriebenen Geldschöpfung. Durch diese Institutionen werden Kredite aus dem Nichts geschaffen und unkontrolliertes Geldwachstum gefördert. Verstärkt durch künstlich niedrige Zinsraten, Inflation und Kreditexpansion wird dadurch das gesamte Preissystem verzerrt. Der Preis kann seine Funktion der Information über Knappheit eines Gutes nicht mehr erfüllen. Außerdem werden durch ständig verfügbares, günstiges Kapital ineffiziente Produktionsweisen künstlich am Leben gehalten. Da sich aber die Fehlinvestitionen irgendwann wieder an die Realität angleichen, sind Krisen und Rezessionsphasen die Folge. Die Weltwirtschaftskrise der 1930er-Jahre war für von Mises das Ergebnis monetärer Fehlentscheidungen in den 1920er-Jahren, vor allem der Geldmengenausweitung durch Inflation. Nach von Mises Ansicht ist der moderne Stand der Produktion durch freies Wirtschaften entstanden und nur dadurch kann er auch erhalten werden. Staatliche Interventionen lehnte er ab, denn wenn der Staat einmal eingreift, würde er das immer wieder tun. Letztendlich führen für von Mises die wiederholten staatlichen Interventionen zum Sozialismus, der wiederum eine Senkung des allgemeinen Wohlstands zur Folge hat.

Auch für den österreichischen Ökonomen und Sozialphilosophen Friedrich August von Hayek entstand die Weltwirtschaftskrise zwischen 1928 und 1930 nicht als Folge zu geringer Nachfrage, sondern durch Fehlinvestitionen der Unternehmen und Banken. Diese Fehlinvestitionen beruhten in letzter Konsequenz auf der verfehlten Geld- und Wirtschaftspolitik der Staaten. Staatliche Interventionen auf dem freien Markt, wie sie etwa vom britischen Ökonomen John Maynard Keynes gefordert wurden, waren für Hayek nicht die Lösung, sondern vielmehr die Ursache der Wirtschaftskrise, denn die staatliche Inflationspolitik vor 1929 hat den Zusammenbruch der Wirtschaft erst heraufbeschworen.

Nach Hayeks Theorie basieren die Konjunkturzyklen auf der Abweichung des Geldzinssatzes vom natürlichen Zinssatz, der bestehen würde, wenn die Geldmenge nicht durch exzessive Kreditvergabe ausgeweitet worden wäre. Die Differenz zwischen den beiden Zinssätzen muss durch zusätzliche Liquidität gedeckt werden. Dieses Überangebot an Fiat-Geld hat eine Ausweitung von Bankkrediten in Verbindung mit niedrigen Zinsen zur Folge. Die gesunkenen Kapitalkosten – das „billige Geld" – veranlassen die Unternehmer zu immer riskanteren Investitionsprojekten, die nicht mehr an der Nachfrage der Konsumenten orientiert sind und die zuvor nicht rentabel gewesen wären. Die Wirtschaftsleistung weitet sich durch die gestiegene Investitionstätigkeit stärker aus, als es im natürlichen Fall möglich gewesen wäre. Da sich die Unternehmer nicht mehr an den Konsumenten orientieren, vernachlässigen sie die Produktion entsprechender Konsumgüter. Der verringerten Konsumgüterproduktion steht aber eine gleichbleibende Nachfrage der Verbraucher gegenüber. Dies führt zu steigenden Preisen. Dieses wachsende Ungleichgewicht, das sich durch Spekulationsblasen noch verstärkt, kann nur durch einen harten Anpassungsprozess wieder ausgeglichen werden, was letztendlich eine Rezession zur Folge hat. Die wegbrechende Nachfrage in der Rezession zwingt die Unternehmer dazu, ihre Produktionsmittel wieder an die Wünsche der Kunden anzupassen bevor der Zyklus von neuem beginnt und das reichlich verfügbare Fiat-Geld wieder riskantere Investitionen zulässt. Da ein Überangebot an jederzeit vermehrbarem Fiat-

Geld die Grundlage dieser Entwicklung darstellt, sprechen sich die Vertreter der Österreichischen Schule für eine Begrenzung der Geldmenge und die Rückkehr zum Goldstandard aus.

Hayek lehnte eine Zentralverwaltungsgesellschaft und staatliche Eingriffe in den freien Markt im Allgemeinen ab. Jede noch so kleine Einmischung ziehe über kurz oder lang weitere staatliche Interventionen nach sich. Aus dieser Spirale von staatlichen Eingriffen folgen letztendlich Planwirtschaft und Diktatur. Hayek stellte in seinen Werken die Gefahren des Sozialismus dar, da jede Form von Kollektivismus zum Abbau individueller Freiheit führt. Er sagte aber auch den Niedergang solcher totalitärer staatlicher Systeme voraus und der Zusammenbruch der kommunistischen Systeme um 1990 bestätigte seine Prognosen.

Hayek und die anderen Vertreter der Österreichischen Schule sahen in einem staatlichen Geldsystem, das sie auch als Papier-, Fiat- oder Schein-Geldsystem bezeichnen, die Ausweitung der Staatsaktivität als sehr kritisch an. Vor allem den Zentralbanken, die immer auch in Verbindung zur Politik stehen, kann es aufgrund dieser politischen Verpflichtungen nicht gelingen, den Geldwert in einem Maß stabil zu halten, mit dem sich Krisen vermeiden lassen. Aus diesem Grund sprach sich Hayek dafür aus, die Produktion von Zahlungsmitteln in private Hände zu legen. In seinem 1976 veröffentlichten Werk „Denationalisation of Money" stellte er sich, getreu seiner Abneigung gegen jede Form der zentralen Planung und staatlichen Intervention, gegen das Monopol der Regierungen und Zentralbanken bei der Ausgabe von Geld. Dagegen sollten auch private Banken Zertifikate ausgeben können, die im freien Wettbewerb miteinander stehen.

Aus diesen sehr verkürzt dargestellten Ideen der Österreichischen Schule lassen sich einige Grundgedanken ableiten, die sich im Bitcoin-System wiederfinden. Demnach sollten Zentralbanken kein Monopol auf die Geldschöpfung haben. Außerdem sollte die Geldmenge nicht beliebig vermehrbar sein, sondern im Sinne eines Goldstandards begrenzt werden.

Die Entwicklung des Bitcoin-Systems

Das Konzept einer dezentralen und digitalen Währung, die weder von Banken noch von Regierungen kontrolliert und mit der vertraulich umgegangen werden kann, ist schon länger bekannt. Bereits in den 1970ern wurde über verschlüsselte digitale Währungssysteme nachgedacht. In der Frühzeit des Internets gründete David Chaum 1990 das Unternehmen DigiCash, das ein elektronisches Zahlungssystem anbot. Mit dem System „eCash" sollten vor allem kleinere Zahlungen abgewickelt werden. Innovativ an dem System war die Verwendung kryptografischer Protokolle, die die Anonymität der Benutzer garantieren sollten. Das System konnte sich jedoch nicht durchsetzen. Auch die digitalen Bezahlsysteme „bit gold" und „b-money", die zu dieser Zeit entstanden, fanden keine ausreichende Verbreitung, was wohl auch an der Frühzeit des Internet und den im Vergleich zur heutigen Zeit wesentlich geringeren Nutzerzahlen lag.

Einen erfolgreicheren Versuch stellte „e-gold" dar. Das 1996 eingeführte digitale Bezahlsystem wollte die Vorteile der digitalen Zahlungsweise mit der Sicherheit von Gold kombinieren. Laut Aussagen der Betreiber waren alle Guthaben durch entsprechende Edelmetallbestände gedeckt. Die dazu notwendigen Gold-, Silber-, Palladium- und Platinbestände lagerten in London und Zürich. So sollte eine stabile Währung entstehen, die es den Nutzern erlaubte, einfach und unkompliziert Guthaben zu übertragen. Kunden, die ein Konto eröffneten, kauften einen Anteil dieser Edelmetallbestände. Der Handel funktionierte über Firmen, die als sogenannte Market Maker auftraten. Sie kauften und verkauften das e-gold der Anleger und tauschten es gegen reale Währungen. Das System war erfolgreich und wies auf seinem Höhepunkt ein jährliches Transfervolumen von zwei Milliarden Dollar auf. Aufgrund der internationalen und relativ anonymen Transaktionsmöglichkeiten war e-gold auch bei Kriminellen sehr beliebt. Im Jahr 2007 wurden die Betreiber deshalb wegen Geldwäsche und des Betriebs von unlizenzierten Bankgeschäften angeklagt. Ein Jahr später wurde das gesamte System schließlich eingestellt und die Guthaben eingefroren. Inzwischen läuft ein Verfahren, bei dem Kontoinhaber einen Antrag auf Freigabe einreichen können, wenn sie die legale Herkunft ihrer Guthaben belegen können.

Diese erfolglosen Versuche, eine digitale Währung für das Internetzeitalter zu schaffen, lieferten jedoch Anregungen für Bitcoin. Das Konzept der Bitcoin-Währung wurde erstmals am 31. Oktober 2008 von Satoshi Nakamoto in einem Aufsatz vorgestellt. Ob es sich bei Satoshi Nakamoto um eine reale Person, das Pseudonym einer einzelnen Person oder einer Personengruppe handelt, ist bis heute unklar, denn er ist niemals öffentlich in Erscheinung getreten. Auf den ersten Blick erscheint Vertrauen in ein System, das von einer anonymen Person entwickelt wurde, nicht angebracht, denn niemand kennt die Interessen, die hinter dem Pseudonym Satoshi

Nakamoto stehen. Dennoch ist Transparenz gegeben, denn der Algorithmus ist bekannt und die komplette Software ist nach dem Open-Source-Prinzip frei zugänglich. Auch die dahinter stehende Logik ist in Nakamotos Beitrag ausführlich dargestellt worden. In diesem Aufsatz beschreibt er das Grundproblem jeder modernen Währung und er versucht gleichzeitig eine Lösung dafür anzubieten:

Das Kernproblem konventioneller Währungen ist das Ausmaß an Vertrauen, das nötig ist, damit sie funktionieren. Der Zentralbank muss vertraut werden, dass sie die Währung nicht entwertet, doch die Geschichte des Fiat-Geldes ist voll von Verrat an diesem Vertrauen. Banken muss vertraut werden, dass sie unser Geld aufbewahren und es elektronisch transferieren, doch sie verleihen es in Wellen von Kreditblasen mit einem kleinen Bruchteil an Deckung. Wir müssen den Banken unsere Privatsphäre anvertrauen, vertrauen dass sie Identitätsdieben nicht die Möglichkeit geben, unsere Konten leer zu räumen. Ihre massiven Zusatzkosten machen Micropayments unmöglich. […] Mit einer e-Currency basierend auf einem kryptografischen Beweis, ohne Notwendigkeit Mittelsmännern zu vertrauen, kann Geld sicher sein und mühelos transferiert werden." (Deutsche Übersetzung entnommen aus: http://de.wikipedia.org/wiki/Bitcoin).

Nakamoto beschreibt in seinen Ausführungen das Grundproblem jeder Transaktion zwischen unbekannten Partnern. Eine der beiden Seiten muss der anderen Seite Vertrauen entgegenbringen, um eine Transaktion in Gang zu setzen. In regulären Währungssystemen bringen die Menschen dieses „Grundvertrauen" den Regierungen und Zentralbanken entgegen. Sie vertrauen darauf, dass die von diesen Institutionen herausgegebenen Papierscheine einen gewissen Wert haben und akzeptieren es als Geld. Das Bitcoin-Konzept ist entgegengesetzt ausgelegt, indem es keine zentrale Institution hat, der man vertrauen muss, sondern lediglich einen Algorithmus, der die Erzeugung und Verteilung der Geldeinheiten steuert.

Basierend auf dem Konzept von Satoshi Nakamoto, entstand das Bitcoin-Netzwerk mit der ersten Version des Bitcoin-Clients „bitcoind", der die ersten Bitcoin auf einem normalen PC erzeugte. Der sogenannte „Genesis Block" mit den ersten 50 Bitcoin wurde am 3. Januar 2009 von Satoshi Nakamoto generiert. Die ersten Bitcoin hatten noch keinen Bezugspunkt, deshalb wurde ihr Wert unter den ersten Teilnehmern des Netzwerks ausgehandelt. Sobald sich jemand fand, der den Preis von Bitcoin in einer anderen Währung, in Waren oder Dienstleistungen akzeptierte, war der Bitcoin-Markt entstanden. Dennoch war das Bitcoin-Projekt im Jahr 2009 nur einem kleinen Kreis von Internetnutzern bekannt. Dieser Kreis betrieb hauptsächlich Handel untereinander und befasste sich mit der Weiterentwicklung der Software. Bitcoin war ein Nischenprojekt, das Raum für Experimente bot. So wurden am 21. Mai 2010 in einem mittlerweile legendären Handel von einem Nutzer 10.000 Bitcoin für die Lieferung zweier Pizzas bezahlt. Damals entsprach dies einem Gegenwert von ungefähr 25 US-Dollar. Legt man dagegen den Höchstkurs vom November 2013 zugrunde, zahlte der Nutzer für seine zwei Pizzas über 12 Millionen US-Dollar.

Einen wesentlichen Schub erfuhr Bitcoin am 17. Juli 2010, als die Online-Plattform Mt.Gox für den Bitcoin-Handel geöffnet wurde. Damit war eine zentrale, leicht zugängliche Handelsplattform geschaffen worden, um Bitcoin in andere Währungen, wie Dollar und Euro, tauschen zu können. Einen Rückschlag gab es am 15. August 2010 als eine ernsthafte Sicherheitslücke im Bitcoin-System entdeckt worden ist. Transaktionen wurden nicht ordnungsgemäß verifiziert, bevor sie in die öffentlich zugängliche Block Chain aufgenommen wurden. Dadurch war es möglich, die Einschränkungen des Systems zu umgehen und beliebig viele Bitcoin zu generieren. Diese Lücke wurde ausgenutzt, als 184 Milliarden Bitcoin an zwei Adressen des Netzwerkes übertragen wurden. Das entsprach ungefähr der 8762fachen Menge aller jemals im System existierenden Bitcoin. Die Transaktion wurde nur wenige Stunden danach im System bemerkt und die Sicherheitslücke umgehend geschlossen. Die fälschlich erzeugten Bitcoin wurden gelöscht und bis heute blieb dies die einzige ernsthafte Sicherheitslücke im Bitcoin-System.

Am 6. November 2010 erreichte die Bitcoin-Notierung bei Mt.Gox 0,5 US-Dollar, was den Wert der im Umlauf befindlichen Bitcoin auf eine Million US-Dollar katapultierte. Im Februar 2011 lag der Kurs bereits bei einem US-Dollar. Der Kursanstieg setzte sich rasant fort und erreichte am 8. Juni den neuen Höchststand von 31,91 Dollar pro Bitcoin. Im Juni 2011 kam es zu einem Hackerangriff auf die Handelsplattform Mt.Gox, was einen dramatischen Preiseinbruch zur Folge hatte. Der Kurs fiel kurzzeitig auf 0,01 US-Dollar, da durch den Angriff sowohl Nutzerdaten und Bitcoin gestohlen worden waren als auch viel Vertrauen in die neue Währung verloren gegangen war. Danach wurde es ruhiger um Bitcoin und der Kurs stabilisierte sich auf niedrigem Niveau.

2012 kam es ab der zweiten Jahreshälfte zu einer Kurserholung, die sich auch 2013 fortsetzte. Inzwischen berichteten auch die Medien verstärkt über das Thema Bitcoin. Ob die digitale Währung im Zusammenhang mit der Eurokrise und insbesondere mit der Zypernkrise als Fluchtmöglichkeit für Sparguthaben angesehen wurde, ist unklar. Jedenfalls erreichte der Kurs am 28. Februar 2013 sein altes Allzeithoch von 31,91 US-Dollar, um danach weiter anzusteigen, bis er am 10. April einen neuen Höchststand von rund 266 US-Dollar erreicht hatte. An diesem Tag brach die Handelsplattform Mt.Gox zusammen. Offiziell lautete die Begründung, dass sich zu viele neue Nutzer angemeldet hätten. Als der Handel wieder möglich war, brach der Kurs innerhalb weniger Tage auf 55 Dollar ein, um dann wieder auf 150 Dollar zu steigen.

Von Oktober 2013 an gab es eine erneute Kursbeschleunigung, angefeuert durch eine verstärkte Nachfrage aus China. Der Kurs erreichte nach einem rasanten Anstieg am 29. November 2013 ein neues Allzeithoch mit 1.242 US-Dollar. Damit war ein Bitcoin erstmals teurer als eine Unze Gold, die zu der Zeit bei 1.241,98 US-Dollar notierte. Auf Grund diverser Regulierungen in China und eines angeblichen Problems bei Bitcoin-Transaktionen bei der Handelsbörse Mt.Gox, die kurzzeitig alle Bitcoin-Abhebungen sperrte, sank der Kurs bis zum Februar 2014 wieder auf 600 Dollar. Ende Februar 2014 erfolgte ein Absturz auf unter 400 Dollar. Grund dafür war die Insolvenz der einst größten Bitcoin-Handelsbörse Mt.Gox. Nachdem sich die Schwierigkeiten bereits Ende 2013 gehäuft hatten und es bereits Wochen zuvor nicht mehr möglich gewesen war, Bitcoin von Mt.Gox abzuheben, ging die Seite am 25. Februar 2014 komplett offline. Mt.Gox waren die Bitcoin ausgegangen, denn es sollen etwa 850.000 Bitcoin gestohlen worden sein. Bitcoin reagierte auf die Insolvenz von Mt.Gox allerdings nicht so stark wie bei früheren Problemen der Handelsbörse. Zwar brach der Kurs ein, aber er konnte sich im Bereich zwischen 400 bis 500 Dollar stabilisieren. Mittlerweile hatten mehrere andere Handelsbörsen, wie zum Beispiel Bitstamp, Cryptsy oder Kraken, die Monopolstellung von Mt.Gox gebrochen. Dadurch war der Bitcoin-Handel auf eine breitere Basis gestellt worden.

Die Kurskapriolen haben ein großes Interesse und eine starke Berichterstattung in den Medien hervorgerufen, die Bitcoin einer immer größer werdenden Zahl von Menschen bekannt gemacht hat. Da die Bitcoin-Software als Open-Source-Version von jedem beliebig kopiert und verändert werden kann, kam es zu einer Flut weiterer Kryptowährungen, die das Bitcoin-Konzept vielfach nur leicht modifizierten. Eine der bekanntesten Währungen, Litecoin, wurde als Alternative zu Bitcoin bereits sehr früh veröffentlicht. Die digitale Währung, die am 13. Oktober 2011 publiziert wurde, basiert auf der Bitcoin-Software, nutzt ebenfalls ein Verschlüsselungsprotokoll und wird weder zentral gesteuert noch kontrolliert. Die Währung gewann rasch an Popularität, da viele Nutzer sich eine ähnliche Wertsteigerung wie bei Bitcoin erhofften. Oft wird das Verhältnis zwischen Bitcoin und Litecoin wie das zwischen Gold und Silber beschrieben, da sich auch beim Preis ähnliche Relationen zeigen. Infolge des rasanten Wertzuwachses von Bitcoin im Jahr 2013 erstanden mittlerweile über 600 weitere digitale Währungen, die alle versuchen, den Erfolg von Bitcoin zu wiederholen.

Trotz der inzwischen existierenden Vielfalt an Kryptowährungen ist Bitcoin die dominierende Währung. Am Kurs des Bitcoin orientieren sich auch die Kurse der anderen Währungen. Bitcoin zieht auch die meiste mediale Aufmerksamkeit auf sich und es wurden viele Unternehmen gegründet, deren Geschäftskonzepte sich auf diese Währung konzentrieren.

Die elektronische Geldbörse für Bitcoin

Grundlage des Bitcoin-Systems und sämtlicher Transaktionen ist eine Client-Software, die oft auch als Wallet (eng. *wallet = Brieftasche*) bezeichnet wird. Die Software ist vergleichbar mit einer Geldbörse oder einem Bankkonto. Aber im Gegensatz zu einer Kontoeröffnung erfolgt die Nutzung der Software anonym. Für den Download und die Installation müssen keine persönlichen Angaben gemacht werden, auch die Erzeugung von Adressen funktioniert ohne das Einrichten eines Benutzerkontos. Es werden keine persönlichen Daten abgefragt und es ist auch keine Bonitätsprüfung erforderlich, um eine Bitcoin-Wallet eröffnen zu können.

Ausgehend von der ursprünglichen Clientversion, gibt es mittlerweile mehrere Programme, die sich je nach Funktionsumfang und Bedienung unterscheiden. Jeder Bitcoin-Client stellt eine spezielle Implementierung des von Satoshi Nakamoto entwickelten Bitcoin-Protokolls dar.

bitcoin-qt: Bei dieser Software handelt es sich um die Weiterentwicklung des Originalclient mit der gesamten Basisfunktionalität für die Verwaltung und die Transaktionen von Bitcoin. Nach der Installation wird die vollständige Block Chain heruntergeladen, deshalb kann es anfangs mehrere Stunden oder auch Tage dauern, bis die Software einsatzbereit ist. Es gibt Versionen für Windows, Linux, Mac OS X unter http://sourceforge.net/projects/bitcoin.

Multibit: Dieser Client ist auf einfache Bedienung, hohe Geschwindigkeit und geringen Ressourcenbedarf ausgelegt. Es gibt Versionen für Windows, Linux, Mac OS X unter https://multibit.org.

Electrum: Ein Vorteil dieser Version ist die Nutzung von Guthaben auf mehreren Geräten. Neben den Versionen für Windows, Linux, Mac OS X gibt es auch eine Version für Android unter https://electrum.org.

Bitcoin Wallet: Die Software ist für den Einsatz auf Smartphones konzipiert und auf einfache Bedienung sowie hohe Sicherheit ausgerichtet. Es gibt Versionen für Android (https://play.google.com/store/apps/details?id=de.schildbach.wallet) sowie für das Betriebssystem von Blackberry (http://appworld.blackberry.com/webstore/content/23952882).

Armory: Dabei handelt es sich um eine Erweiterung des Original-Client bitcoin-qt mit einer Export/Import-Funktion für Schlüssel und zusätzlichen Sicherheitsfunktionen für erfahrene Nutzer. Es gibt Versionen für Windows und Linux unter https://bitcoinarmory.com.

Bei der Installation der Software werden automatisch Adressen generiert, mit denen Bitcoin empfangen werden können. Alle Adressen mit ihren öffentlichen und privaten Schlüsseln werden in der Datei „wallet.dat" gespeichert. Diese Datei ist das Herzstück der Software und gleichzeitig die tatsächliche Geldbörse. Wenn diese Datei gelöscht oder verloren wird, sind auch alle Bitcoin, die mit den darin gespeicherten Adressen verknüpft sind, verloren.

Es gibt zwei unterschiedliche Arten von Clients. Programme wie bitcoin-qt laden die vollständige Block Chain herunter. Die Datei hat eine Größe von ungefähr 22 Gigabyte (Stand: September 2014), deshalb kann der Download einige Zeit in Anspruch nehmen. Mit der Datei werden alle bisher abgewickelten Transaktionen des Netzwerks auf dem Rechner gespeichert. Solche Clients unterstützen die Funktionsfähigkeit des gesamten Netzwerks und machen dadurch Angriffe oder Manipulationsversuche schwieriger. Die Speicherung der kompletten Block Chain dauert aber einige Stunden oder bei schwächeren Internetverbindungen auch Tage, nimmt mehrere Gigabyte Speicherplatz in Anspruch und muss zudem ständig aktualisiert werden. Bereits nach wenigen Tagen ohne Aktualisierung dauert es wieder einzige Zeit, bis die Software die seitdem angefallenen Blöcke heruntergeladen hat. Einige Clients, zum Beispiel Multibit, setzen auf ein anderes Konzept. Sie laden nicht die komplette Block Chain herunter, sondern gleichen nur zentrale Inhalte mit der Datei ab, die auf Remote Servern gespeichert ist. Sie sind deshalb schneller einsatzbereit und für den Einstieg ideal. Zudem sparen sie Speicherplatz und bieten einige Komfortfunktionen, die der Basisversion fehlen, wie etwa die Anzeige des aktuellen Bitcoin-Kurses.

Die grafischen Oberflächen der einzelnen Programme unterscheiden sich, aber alle bieten zumindest die Anzeige des Guthabenstandes (Nr. 1 im Bild), die Möglichkeit, Bitcoin an andere Adressen zu senden (Nr. 2 im Bild), die Möglichkeit, eigene Adressen zu erzeugen (Nr. 3 im Bild) und diese mit bestimmten Bezeichnungen zu versehen. Zudem gibt es eine Übersicht der bisher generierten Adressen (Nr. 4 im Bild) und die Anzeige der Adresse als QR-Code (Nr. 5 im Bild).

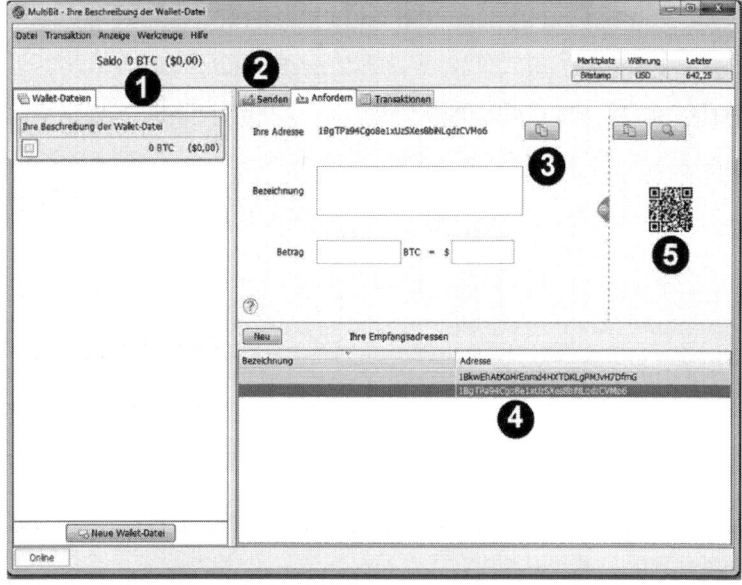

Oberfläche des Multibit-Client

Quelle: https://multibit.org

Neben den Clients für den PC gibt es auch für die Android-Plattform mehrere Programme wie zum Beispiel „Bitcoin Wallet" (https://github.com/schildbach/bitcoin-wallet). Die

Android-Versionen verfügen über Zusatzeigenschaften, die für den mobilen Betrieb nützlich sind. So kann eine Bitcoin-Adresse des Wallets auf dem Smartphone als QR-Code angezeigt werden, der einen speziellen Uniform Resource Identifier mit der benötigten Bitcoin-Adresse sowie dem Betrag enthält. Für Zahlungen können QR-Codes mit der Kamera eines anderen Smartphones gescannt werden. Es ist zudem bei nicht bestehender Internetverbindung möglich, Zahlungen später zu versenden.

Parallel zu den plattformbasierten Clients existiert eine Vielzahl von Webdiensten, die Online-Wallets anbieten. Das Bitcoin-Guthaben wird dabei vollständig an eine Adresse innerhalb des eigenen Kontos beim Anbieter der Online-Plattform übertragen. Die Sicherheit der Guthaben hängt hier aber vollständig von der serverseitigen Sicherheit und der nicht immer gegebenen Vertrauenswürdigkeit der Plattformbetreiber ab. Eine Übersicht der aktuellen Online-Wallets findet sich unter https://en.bitcoin.it/wiki/Category:EWallets.

Die Speicherung von Bitcoin-Guthaben in Online-Wallets schützt vor dem Risiko eines Datenverlustes durch einen Hardwaredefekt des heimischen Computers und gleichzeitig ist der Zugriff von überall aus möglich. Aber der Betreiber des Online-Wallets erhält ebenfalls Zugriff auf das Guthaben. Zudem besteht bei Online-Wallets immer die Gefahr eines Hackerangriffs und des Diebstahls der gespeicherten Bitcoin. Die Entwicklung der Online-Wallets schreitet aber voran und auch die Sicherheit wird verbessert. Die Insolvenz der Handelsbörse Mt.Gox und der Verlust der Bitcoin-Guthaben der Nutzer zeigen jedoch, dass die Online-Speicherung keine vollständig sichere Lösung ist.

Eine Alternative für mobile Plattformen, für die kein regulärer Client angeboten wird, sind hybride Wallets, wie etwa die Websoftware My Wallet (https://blockchain.info/wallet) Bei dieser wird der auszuführende Code vom Server des Anbieters geladen, die geheimen Schlüssel werden jedoch clientseitig verschlüsselt und übertragen. Eine Übersicht der Anbieter derartiger Hybrid-Wallets ist zu finden unter: https://en.bitcoin.it/wiki/Category:HybridEWallets.

Die in der Wallet gespeicherten Bitcoin-Adressen beinhalten einen öffentlichen und einen privaten Schlüssel. Während der öffentliche Schlüssel zum Empfangen von Beträgen weitergegeben werden kann, muss der private Schlüssel streng vertraulich behandelt werden, denn er ermöglicht die Bestätigung sämtlicher Transaktionen, also auch die Übertragung des gesamten Bitcoin-Guthabens an andere Adressen. Bei der Generierung neuer Adressen wird zuerst ein privater Schlüssel erzeugt, auf dessen Basis durch den ECDSA (Elliptic Curve Digital Signature Algorithm) ein öffentlicher Schlüssel generiert wird. Aufgrund der Komplexität des Algorithmus kann durch den öffentlichen Schlüssel kein Bezug auf den privaten Schlüssel genommen werden. Durch die Berechnung mit den Verschlüsselungsmethoden SHA256 und RIPEMD-160 wird aus dem öffentlichen Schlüssel die Adresse generiert, die beispielsweise folgendermaßen aussieht:

14tbYhU9Ca2ZABBcePCP8VjaRVASvsfi7c

Adressen sind zwischen 27 und 34 Zeichen lang und bestehen nur aus Buchstaben und Ziffern. Die dazugehörigen öffentlichen und privaten Schlüssel werden in der wallet.dat-Datei der Clientsoftware gespeichert. Derartige Adressen können von der Software beliebig oft erzeugt werden. Durch Verwendung jeweils spezifischer Adressen für unterschiedliche Bitcoin-Sender lässt sich eine leichte Zuordnung der Zahlungsströme vornehmen. Diese Zuordnung ist aber nur dem Empfänger der Bitcoin möglich, der dem Sender die entsprechende Adresse mitgeteilt hat. Nur derjenige, der die Adresse erzeugt hat, weiß, dass sie ihm gehört.

Zwar wird durch die Adressen weitgehende Anonymität gewährleistet, aber gleichzeitig liegt mit der Block Chain ein öffentliches Verzeichnis aller bisher abgewickelten Transaktionen vor. Durch eine Kombination mit weiteren Informationen wie zum Beispiel IP-Adressen oder Informationen aus Emails mit denen zuvor Adressen ausgetauscht wurden, wäre die Identifikation einzelner Nutzer denkbar. Damit ist keine vollständige Anonymität mehr gegeben. Das Bitcoin-System wird dadurch pseudoanonym oder pseudonym. Die Bitcoin-Adresse ist das Pseudonym hinter dem sich eine reale Person verbirgt. Die Pseudo-Anonymität wird durch die mehrfache Verwendung ein- und derselben Adresse weiter verringert.

Zur Lösung empfahl bereits Satoshi Nakamoto in seinem ursprünglichen Aufsatz die Verwendung einer neuen Adresse bei jeder Transaktion. Dadurch wird es schwieriger eine Verbindung zwischen einer Adresse und weiteren Informationen über eine Person herzustellen. Die Auswertung der Block Chain und die Suche nach den Inhabern einer Adresse ist ohnehin ein extrem aufwendiges Verfahren und wäre nur von staatlicher Seite durchführbar, etwa um die Beteiligten an illegalen Geschäften zu identifizieren.

Zusätzlich zur Verwendung jeweils neuer Adressen für jede Transaktion kann auch der Einsatz sogenannter Mixing-Börsen hilfreich sein, um die Privatsphäre zu schützen. Dabei handelt es sich um Plattformen, die Bitcoin-Zahlungen entgegennehmen, sie mit den Transaktionen anderer Teilnehmer vermischen und erst dann an die Empfängeradresse schicken. Die Vermengung unterschiedlicher Adressen und Guthaben soll eine Identifizierung des einzelnen Absenders erschweren. Der Einsatz solcher Dienstleister erfordert allerdings Vertrauen, denn das Guthaben wird nicht direkt an den Empfänger, sondern über eine weitere Instanz geschickt. Hier besteht das Risiko, dass die Serviceanbieter die Bitcoin einbehalten oder eigene Aufzeichnungen über die Transaktionen anfertigen.

Die Nutzung der Adressen zeigt, dass Bitcoin-Transaktionen eine andere Funktionsweise als Bargeldtransaktionen haben. Bargeld kennt nur den aktuellen Besitzer und weist keine Verlaufsgeschichte aller vorangegangenen Transaktionen auf.

Eine Bitcoin-Transaktion ist hingegen eine Fortführung vorangegangener Transaktionen. Bitcoin existieren nicht als eigenständige Objekte im Netzwerk. Stattdessen verwaltet das Netzwerk in Form der allen zugänglichen Block Chain die Transaktionen, sowohl die der Nutzer untereinander als auch die Transaktionen bei der Entstehung neuer Bitcoin. Im P2P-Netzwerk werden allerdings nur die Transaktionen ausgetauscht, die Kontostände der Adressen werden in den Clients berechnet. Eine Transaktion besteht aus einem oder mehreren Inputs und einem oder mehreren Outputs. Die Inputs verweisen dabei auf die Outputs vergangener Transaktionen, die dem Aussteller der aktuellen Transaktion geschickt wurden. Sie werden zusammengerechnet und bilden die Gesamtmenge, die auf die Outputs verteilt werden kann. Bei einer Transaktion wird diese Menge durch mindestens einen Output an einen neuen Besitzer verschickt. Besteht eine Differenz zwischen der Summe bei den Inputs und der Summe bei den Outputs, so wird sie als Transaktionsgebühr verstanden und geht an diejenigen, die die Transaktion bestätigen.

Um eine Transaktion zu starten, muss der Empfänger dem Sender seinen öffentlichen Schlüssel mitteilen. Der Sender schickt daraufhin den Bitcoin-Betrag durch die digitale Signatur des Hashwertes der vorherigen Transaktion und des ihm zugesandten öffentlichen Schlüssels an den Empfänger. Transaktionen werden in Blöcken zusammengefasst, die beim Mining verarbeitet und in die Block Chain aufgenommen werden. Sobald eine Transaktion der Block Chain hinzugefügt wurde, erhält sie eine Bestätigung. In jedem weiteren Block, der eine Fortführung der vorangegangenen Blöcke darstellt, erhält die Transaktion eine weitere Bestätigung. Sobald eine Transaktion durch das Netzwerk bestätigt wurde, wird eine Rückabwicklung sehr unwahrscheinlich bis unmöglich. Bei kleineren Beträgen genügt bereits eine Bestätigung, bei größeren Transaktionen kann es durchaus sinnvoll sein, mehrere Bestätigungen abzuwarten. Das Bitcoin-Protokoll sieht vor, dass eine Transaktion mit sechs Bestätigungen, also sechs Blöcken in denen sie enthalten ist, als ausgeführt und nicht mehr umkehrbar gilt. Durch Transaktionsgebühren kann die Geschwindigkeit der Bestätigungen beschleunigt werden. Transaktionen mit einer Gebühr werden bevorzugt behandelt, da die Gebühr direkt dem Computer zugutekommt, der den Block bestätigt.

Um einen Bezahlvorgang zu starten, wählt sich jeder Teilnehmer mit seiner jeweiligen Client-Software in das dezentrale Bitcoin-Netzwerk ein. Dies erledigt die Software automatisch sobald sie eine Verbindung ins Internet hat. Der Bezahlvorgang läuft durch einen Dialog in der Client-Software ab. Dabei werden die Empfängeradresse sowie der Betrag eingegeben. Die Adresse muss zuvor vom Empfänger an den Sender übermittelt worden sein. Mit dem privaten Teil seines Schlüssels signiert der Sender seine Zahlung an den Empfänger. Dies geschieht automatisch im Hintergrund durch das

Programm. Außerdem kann eine freiwillige Gebühr eingestellt werden, um die Bestätigung der Transaktion zu beschleunigen. Zur Sicherheit muss bei den meisten Clients
noch ein Passwort eingegeben werden, um die Transaktion zu
starten. Die Transaktion wird daraufhin allen Teilnehmern des
Netzwerkes bekannt gemacht. Die anderen Teilnehmer bestätigen, dass die an der Transaktion beteiligten Signaturen gültig sind, und die versandten Bitcoin bisher noch nicht ander-
weitig ausgegeben worden sind. Dadurch sollen Störungen
oder Manipulationen ausgeschlossen werden.

Die folgende Darstellung zeigt eine vereinfachte Transaktion
eines Bitcoin mit fortlaufender Zeit.

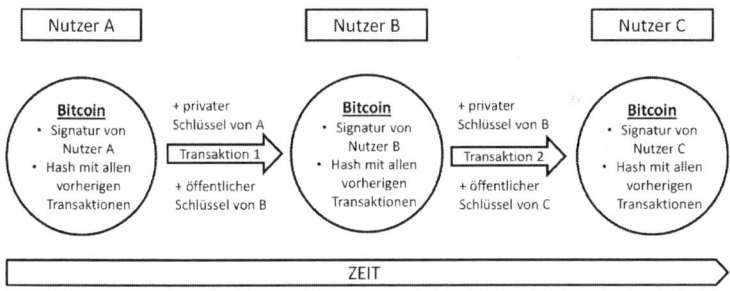

Chronologische Transaktionen eines Bitcoin

Quelle: Eigene Zusammenstellung.

Um die Transaktion in Gang zu setzen, schickt der Empfänger
der Bitcoin, in diesem Fall Nutzer B, dem Sender, Nutzer A,
seinen öffentlichen Schlüssel. Nutzer A fügt den öffentlichen
Schlüssel von Nutzer B mit dem Betrag, den er überweisen
will, zu einer Transaktion zusammen. Er autorisiert die Trans-

59

aktion mit der digitalen Signatur seines privaten Schlüssels. Im Bitcoin-System kann jeder, der die öffentlichen Schlüssel von A und B kennt, sehen, dass A einverstanden war, einen bestimmten Betrag an B zu senden. Da kein anderer Nutzer den privaten Schlüssel von A kennt, kann nur A diese Transaktion bestätigen. Später schickt Nutzer C Nutzer B seinen öffentlichen Schlüssel und eine weitere Transaktion kann von Nutzer B mithilfe seines privaten Schlüssels eingeleitet werden. Jeder Bitcoin beinhaltet die Transaktionen, die er bereits hinter sich hat und fügt dieser Historie aktuelle Transaktionen hinzu. Dabei wird der Bitcoin so gespeichert, dass nur der aktuelle Besitzer den Bitcoin mit seinem privaten Schlüssel erneut versenden kann.

Ein Vorteil digitaler Informationen ist, dass sie auf einfache Weise kopiert werden können. Dieser Vorteil ist aber bei digitalen Währungen verheerend, denn dadurch können Beträge doppelt ausgegeben werden. Der Empfänger einer Zahlung erhält nur eine Kopie des Betrages, während der ursprüngliche Besitzer die Originaldatei behält und den Betrag noch einmal ausgeben kann. Während bei traditionellen Währungssystemen die physischen Scheine und Münzen doppeltes Ausgeben verhindern und die Banken den Kontostand kontrollieren, um mehrfaches Ausgeben eines Guthabens zu verhindern, benötigen digitale Währungssysteme besondere Schutzmechanismen.

Um doppelte Ausgaben, das heißt das wiederholte Versenden desselben Bitcoin-Betrages, zu verhindern, wird das Konzept des Zeitstempels benutzt. Jeder Hashwert wird mit dem Zeitwert seines Vorgängers versehen, um sicherzustellen, dass die Daten nicht manipuliert wurden und in unveränderter Form vorliegen. Dadurch werden mehrfache Ausgaben verhindert. Jeder einzelne Bitcoin enthält die gesamte Verlaufsgeschichte seiner vorangegangenen Transaktionen und jede Transaktion wird dieser Verlaufsgeschichte hinzugefügt. Wenn eine Adresse versucht, einen Bitcoin-Betrag mehrfach zu versenden, wird im Netzwerk geprüft, welche Transaktion die älteste ist. Diese Transaktion bleibt bestehen, während alle danach erfolgten für ungültig erklärt und verworfen werden. Nur wenn jemand mehr als 50 Prozent der Rechenkapazität des gesamten Netzwerkes kontrolliert, ist ein doppeltes Versenden desselben Bitcoin-Betrages möglich. Die erste Transaktion wird dann einfach für ungültig erklärt und der Betrag noch einmal verschickt. Da die Mehrheit der Rechenkapazität den Vorgang bestätigt, kann ein Betrag mehrfach ausgegeben werden.

Im Zuge einer Transaktion werden die Details an so viele Computer wie möglich innerhalb des Bitcoin-Netzwerkes übermittelt. In der Block Chain werden zudem die Details über alle bisher abgewickelten Transaktionen gespeichert. Sollte ein Angreifer die Absicht haben, Transaktionen zu löschen, um Bitcoin doppelt ausgeben zu können, muss er den Block, der seine Transaktion enthält, manipulieren. Da die

Blöcke durch die Hashwerte miteinander verknüpft sind, muss er auch alle nachfolgenden Blöcke entsprechend manipulieren. Dabei muss er aber schneller sein als das restliche Netzwerk, da seine Manipulationsversuche ansonsten durch die Bestätigungen der übrigen Miner wirkungslos bleiben.

Die Übermittlung der Zahlung wird durch mehrere im Netzwerk generierte Bestätigungen festgestellt. Jede Bestätigung ist die Zustimmung des Netzwerks, dass die Transaktion ordnungsgemäß ist. Dabei gibt es kein grundsätzliches Vertrauen zwischen den Nutzern, jeder Teilnehmer misstraut jedem Teilnehmer. Um zu verhindern, dass ein Teilnehmer seine Bitcoin mehrfach ausgibt, werden die Transaktionen im Netzwerk durch einen Flooding-Algorithmus verteilt. Mit Hilfe dieses Algorithmus gibt die Client-Software an jeden anderen erreichbaren Client, der noch nicht informiert wurde, Informationen weiter. Der auf diese Weise neu informierte Client schickt keine Antwort, sondern sendet die Information an alle ihm bekannten Teilnehmer außer dem Sender der Information weiter. Da informierte Teilnehmer keine weiteren Nachrichten aussenden, endet der Algorithmus automatisch, wenn alle erreichbaren Teilnehmer informiert wurden. Das Bitcoin-Protokoll sieht vor, dass Transaktionen nach sechs Bestätigungen als unumkehrbar gelten. Normalerweise geschieht dies sehr schnell, je nach Auslastung des Netzwerkes kann es bis zur Bestätigung aber auch mehrere Stunden dauern. Um den Vorgang zu beschleunigen, kann jeder Nutzer eine Gebühr entrichten, damit die Transaktion bevorzugt bestätigt wird. Die Entrichtung der Gebühren ist freiwillig, aber vor allem bei Transaktionen, die mehrere Adressen oder größere Beträge umfassen, sinnvoll. Seit dem 10. Juni 2012 sind folgende minimale Gebühren vorgesehen:

- Transaktion akzeptieren, um sie in einen neuen Block einzubetten: 0,0005 Bitcoin.
- Transaktion an andere Clients weiterleiten: 0,0001 Bitcoin.

Eine Transaktion kann ohne Gebühren versendet werden, wenn mindestens eines von zwei Kriterien erfüllt ist:

- Die Transaktion ist kleiner als 10 Kilobytes.
- Die Transaktionsausgänge betragen mindestens 0,01 BTC oder mehr.

Genauso wie Bargeld können auch Bitcoin gestohlen werden. Größere Summen Bitcoin auf einem Computer zu speichern, ohne diesen zu sichern, ist vergleichbar mit einer prall gefüllten Brieftasche, die man jederzeit mit sich herumträgt. Genau wie jede normale Geldbörse, so muss auch die Bitcoin-Wallet geschützt werden, denn es bestehen zwei Risiken.

Ein Risiko ergibt sich aus der digitalen Natur des Systems. Da das Bitcoin-System auf Daten basiert und die Informationen in Dateien gespeichert werden, besteht das Risiko eines Datenverlustes. Außerdem besteht die Gefahr eines Diebstahls in

Form von unberechtigtem Zugriff auf den Rechner und das dort gespeicherte Bitcoin-Guthaben durch Hacker.

Wie bei allen wichtigen Dateien gilt auch für Bitcoin das Gebot der Datensicherung und der regelmäßigen Backups. Innerhalb der Bitcoin-Software muss vor allem die wallet.dat-Datei, die alle privaten und öffentlichen Schlüssel enthält, vor Verlust oder Hardwaredefekten geschützt werden. Die Datei befindet sich standardmäßig in folgendem Verzeichnis:

- Windows XP:
  C:\Dokumente und Einstellungen\Benutzername\Anwendungsdaten\BitCoin
- Windows Vista, 7 und 8:
  C:\Users\Benutzername\Appdata\Roaming\BitCoin
- Mac: ~/Library/Application Support/Bitcoin/

Gegen Hardwaredefekte helfen regelmäßige Sicherungen der Datei auf USB-Sticks und externen Festplatten. Um die Datei vor unberechtigten Zugriffen zu schützen, ist es empfehlenswert, sie durch die Eingabe eines möglichst langen Passwortes zu schützen. Das Passwort kann in der jeweiligen Client-Software mit der Option „Brieftasche verschlüsseln" oder „Passwort hinzufügen" vergeben werden. Es gibt jedoch meist keine Option, ein vergessenes Passwort wiederherzustellen, sodass besondere Aufmerksamkeit bei der Vergabe des Passwortes gefordert ist. Vergessene Passwörter und dadurch nicht mehr zugängliche Guthaben sind ein Grund für die deflationäre Tendenz von Bitcoin.

Obwohl Bitcoin digital sind, lassen sie sich auch auf Papier sichern und dies stellt eine gute zusätzliche Option der Sicherung dar. Eine Möglichkeit dazu bietet die Website Bitaddress (http://www.bitaddress.org). Auf dieser Homepage können Adressen und die dazugehörigen privaten Schlüssel als ausdruckbare Datei erzeugt werden. Obwohl die Nutzung der Website sicher ist, empfiehlt es sich, die komplette Seite lokal auf dem Computer zu speichern und erst aufzurufen, wenn die Verbindung zum Internet getrennt ist. Da die Anwendung in JavaScript geschrieben wurde, ist auch eine Offline-Nutzung möglich. Für eine nahezu 100-prozentige Sicherheit ist es ratsam, mit einer Linux-Live-CD den Computer neu zu starten und dann die offline gespeicherte Bitaddress-Website aufzurufen. Dadurch wird sichergestellt, dass keine Spyware aktiv ist. Die auf diese Weise erzeugte Datei sollte am besten ausgedruckt werden. Sie enthält sowohl den öffentlichen als auch den privaten Schlüssel. Ein Ausdruck kann mehrere Adressen und die dazugehörigen privaten Schlüssel enthalten. Als nächster Schritt müssen Bitcoin aus der elektronischen Wallet an eine der Adressen auf dem Papierausdruck gesendet werden. Dies geschieht wie der Versand an jede andere Adresse über die jeweilige Client-Software. Die auf Papier gesicherten Bitcoin sind dann nicht mehr zugänglich, aber dafür auch vor fremden Zugriffen geschützt, denn die Transaktion wird in der Block Chain gespeichert. Der Papierausdruck sollte in mehrfacher Kopie an verschiedenen Orten gut verwahrt werden, denn er enthält jetzt das Bitcoin-Guthaben.

Die Rückumwandlung der Papier-Bitcoin ist relativ einfach. Seit der Version 0.6.0 bietet die Kommandozeileneingabe der Bitcoin-Software die „importprivkey"-Funktion an, die den Import privater Schlüssel ermöglicht. Aber auch verschiedene Clients und Handelsbörsen bieten die Möglichkeit, private Schlüssel einzugeben und das eigene Konto mit den „Papier-Bitcoin" aufzufüllen. Es mag zwar seltsam erscheinen, aber auf diese Weise lässt sich die digitale Währung in „Papiergeld" umwandeln.

Die Quellen für Bitcoin

Es gibt zwei Möglichkeiten, um in den Besitz von Bitcoin zu gelangen. Man kann sie von anderen Nutzern gegen Fiat-Geld, erwerben oder durch das sogenannte Mining erhalten. Der leichtere Weg ist der Kauf über eine Handelsplattform.

Kauf von Bitcoin

Bereits kurz nach der Generierung der ersten Bitcoin fand ein Tausch zwischen den Mitgliedern des Netzwerkes statt. Dazu wurde der Internet-Relay-Chat-Kanal „#bitcoin-otc" benutzt, wo Tauschangebote eingestellt wurden. Der breiten Masse blieb der Zutritt verwehrt, da der IRC-Kanal und das benutzte Bewertungssystem technisch eher anspruchsvoll sind. Um einerseits leichteren Handel von Bitcoin zu ermöglichen und andererseits auch neue Interessenten zu gewinnen, entstanden erste Online-Plattformen, die Dienstleistungen im Bereich des Handels von Bitcoin anboten. Da Bitcoin nicht von einer zentralen Institution ausgegeben werden und auch nicht durch regionale oder nationale Grenzen eingeschränkt sind, richtet sich der Preis der Währung nach fünf Kriterien:

1. Menge

Das Bitcoin-System sieht eine Gesamtmenge von 21 Millionen Stück vor, die bis zum Jahr 2140 in Umlauf sein sollen. Gleichzeitig ist aber jeder Bitcoin in 1/100.000.000 Einheiten teilbar. Dadurch stehen insgesamt 2.100.000.000.000.000 Einheiten zur Verfügung.

2. Vertrauen

Da das Bitcoin-System nicht durch physische Werte abgesichert ist und auch nicht durch staatliche Garantien gedeckt wird, ist das Vertrauen der Nutzer in die Währung der entscheidende Punkt für die zukünftige Wertenwicklung.

3. Sicherheit

Je sicherer das System und die Transaktionen sind, desto mehr Nutzer werden sich für Bitcoin entscheiden.

4. Verbreitung

Je mehr Nutzer und Händler Bitcoin akzeptieren, desto schneller steigt die Verbreitung.

5. Liquidität

Für die Nutzung der Währung ist es entscheidend, wie liquide sie ist, dass heißt wie leicht man sie kaufen kann, aber auch, wie leicht man sie wieder gegen andere Währungen eintauschen kann. Bei kleinen Märkten besteht immer das Risiko, dass nicht jederzeit Käufer oder Verkäufer in ausreichender Zahl zur Verfügung stehen.

Derzeit existieren ungefähr 13,5 Millionen Bitcoin. Es werden täglich mehr, da mit jedem Block, der durchschnittlich alle zehn Minuten entsteht, neue Bitcoin generiert werden. Da die Schaffung weiterer Bitcoin mit einem höheren Schwierig-

keitsgrad verbunden ist und zudem mit einer sinkenden Geschwindigkeit erfolgt, wird es noch bis 2040 dauern, bis fast
die gesamte Menge zur Verfügung steht. Die letzten Einheiten
werden voraussichtlich 2140 generiert werden. Bei einem
Wert von 350 Euro pro Bitcoin (Stand: September 2014)
ergibt sich eine Marktkapitalisierung von ungefähr fünf Milliarden Euro. Die Marktkapitalisierung errechnet sich aus der
Multiplikation der im Umlauf befindlichen Stücke mit dem
Wert pro Stück. Damit ist Bitcoin immer noch ein sehr kleiner
Markt, denn selbst beim bisherigen Höchstkurs Ende 2013
umfasste die Kapitalisierung des gesamten Bitcoin-Marktes
gerade einmal elf Milliarden Euro. Zum Vergleich: Die Ak-
tien von BMW weisen eine Marktkapitalisierung von ungefähr 55 Milliarden Euro auf, die Anteilsscheine von Apple
haben eine Marktkapitalisierung von ungefähr 385 Milliarden
Euro. Gemessen daran ist die Kapitalisierung von Bitcoin
immer noch relativ gering, obwohl die Entwicklung in den
letzten Jahren stark zugelegt hat.

Der Kurs für Bitcoin kommt wie jeder andere Kurs für ein
Wirtschaftsgut zustande – durch Angebot und Nachfrage.
Käufer und Verkäufer treffen sich auf verschiedenen Handelsplattformen im Internet. Es existieren mehrere Online-
Börsen, mit deren Hilfe Bitcoin gegen andere Währungen ge-
und verkauft werden kann. Dabei wird je nach Börse eine
bestimmte Gebühr fällig. Um Bitcoin kaufen zu können, ist
zuerst die Kapitalisierung des eigenen Nutzerkontos notwen-

dig. Dies geschieht meist durch eine (SEPA-)Überweisung auf das Konto des Börsenbetreibers, der den Betrag dann dem eigenen Kundenkonto gutschreibt. Eine Zahlung mit Kreditkarte ist meist nicht möglich. Für einen Verkauf ist es notwendig, die Bitcoin zuerst auf das eigene Nutzerkonto zu überweisen. Dazu wird für jedes Nutzerkonto eine individuelle Adresse generiert, an die Bitcoin gesendet werden können. Die Transferwege funktionieren auch umgekehrt und so können vom eigenen Nutzerkonto Guthaben auf das eigene Bankkonto überwiesen und Bitcoin an die eigene Wallet geschickt werden.

Im Gegensatz zu den Börsen und Handelsplätzen der klassischen Finanzwelt unterliegen die Bitcoin-Börsen geringeren Regulierungsvorschriften durch die Finanzbehörden. Es gibt jedoch Maßnahmen zur Einschränkung der Geldwäsche, wie Auszahlungslimits, oder besondere Formen der Identifizierung, wie das Einreichen einer Ausweiskopie.

Da die Plattformen über keinerlei Einlagensicherung verfügen, sondern normale Firmen mit beschränkter Haftung sind, besteht kein Schutz der eingezahlten Guthaben. In der Vergangenheit kam es bereits mehrfach zu erfolgreichen Hackerangriffen auf Börsen, um die dort gespeicherten Bitcoin zu stehlen. Obwohl inzwischen die Sicherheitsmaßnahmen verstärkt wurden und einige Betreiber auch die Haftung für verlorene Einlagen übernehmen, stellt die Gefahr eines Hackerangriffs und des Verlustes der Einlagen immer noch eine ständige Bedrohung für die Bitcoin-Börsen dar. Es ist deshalb nicht ratsam, die Handelsplattformen als Online-Speicher für Guthaben zu verwenden. Hier empfiehlt sich die Installation einer Wallet-Software sowie die Sicherung der Guthaben auf dem eigenen Rechner inklusive mehrerer Backups. Welche Konsequenzen die Insolvenz einer Handelsbörse haben kann, zeigt das Beispiel von Mt.Gox.

Mt.Gox

Die erste und lange Zeit auch die wichtigste Handelsplattform für Bitcoin war Mt.Gox. Zeitweise wurden über zwei Drittel des Bitcoin-Handels über diese Börse abgewickelt. Mt.Gox wurde 2010 gegründet und von der japanischen Tibanne Co. Ltd. betrieben. Der Name ist eine Abkürzung für „Magic: The Gathering Online Exchange" und deutet auf die Ursprünge als Handelsplattform für Spielkarten des Fantasy-Spiels „Magic: The Gathering" hin.

Wie problematisch die Dominanz einer Plattform für den Handel sein kann, zeigte sich im April 2013 als der Bitcoin-Kurs sein damaliges Allzeithoch bei 266 Dollar erreicht hatte. Mt.Gox war plötzlich für einige Tage offline und ein Handel nicht möglich. Laut Angaben der Betreiber war die Plattform der enormen Anzahl an Neuanmeldung nicht mehr gewachsen gewesen und wurde für einige Tage vom Netz genommen, um die Anmeldungen verarbeiten zu können. Dennoch führte die kurzfristige Abschaltung von Mt.Gox zu einer Panik, die den Bitcoin-Kurs auf 55 Dollar sinken ließ. Danach erholte sich der Kurs wieder und auch der Handel über Mt.Gox verlief wieder normal. Zu Beginn des Jahres 2014 kam es jedoch immer wieder zu Verzögerungen bei der Auszahlung von Euro oder US-Dollar. Überraschend kündigte die Handelsplattform dann am 7. Februar 2014 an, vorerst keine Bitcoin-Auszahlungen mehr vorzunehmen. Nach mehreren Statements mit aufschiebender Wirkung musste die Handelsplattform am 28. Februar 2014 schließlich eingestehen, dass ihr in den letzten Monaten bis zu 850.000 Bitcoin abhandengekommen waren. Das entspricht etwa sechs Prozent aller damals im Umlauf befindlichen Bitcoin mit einem Gegenwert von ungefähr 365 Millionen Euro. Die Konsequenz daraus war die Insolvenz der Firma und der Verlust der Bitcoin-Guthaben der Nutzer. Ob die Kunden im Zuge des Insolvenzverfahrens zumindest einen Teil ihrer Einlagen zurück erhalten werden, ist ungewiss und wird sich erst in einigen Jahren, nach Abschluss des mittlerweile eingeleiteten Insolvenzverfahrens in Japan, entscheiden.

Die marktbeherrschende Stellung von Mt.Gox ließ bereits vor der Insolvenz einige Konkurrenten entstehen. Begünstigt wurde die Entwicklung durch die Fokussierung von Mt.Gox auf Bitcoin. Da aber immer mehr Kryptowährungen entstanden, war der Wunsch vieler Nutzer nach Handelsplattformen für weitere Währungen groß.

Bitstamp

Die in Großbritannien ansässige Bitcoin-Börse Bitstamp (https://de.bitstamp.net) wurde nach der Schließung von Mt.Gox kurzzeitig zu dem Handelsplatz mit dem größten Handelsvolumen für Bitcoin. Bitstamp bietet eine deutsche Benutzeroberfläche und aufgrund des Sitzes innerhalb der EU sind auch SEPA-Überweisungen möglich. Es können allerdings nur Bitcoin gehandelt werden.

Die Registrierung eines neuen Kontos ist kostenlos. Für den Handel muss das Konto allerdings verifiziert werden. Dazu muss der eingescannte aktuelle Ausweis, Führerschein oder Pass sowie ein Nachweis der aktuellen Adresse an Bitstamp geschickt werden. Für den Handel fallen Gebühren in Höhe von 0,5 Prozent an. Abhängig vom Handelsvolumen kann die Gebühr auf bis zu 0,2 Prozent sinken.

Bitcoin.de

Eine Möglichkeit für den Erwerb von Bitcoin ist die größte deutschsprachige Plattform für den Bitcoin-Handel Bitcoin.de (https://www.bitcoin.de). Auf der Website sind Kauf- und Verkaufsangebote von Privatpersonen aus fast allen Ländern Europas gelistet. Als Zahlungsmethode steht die SEPA-Überweisung zur Verfügung.

Nach der Anmeldung kann mittels eines Filters im Marktplatz nach geeigneten Angeboten für den Kauf oder Verkauf von Bitcoin gesucht werden. Es können auch gezielt Limitaufträge für den Kauf oder Verkauf gesetzt werden. Sobald ein Verkäufer die Kaufanfrage bestätigt hat, sendet das System eine E-Mail mit den Kontoinformationen des Verkäufers. Nun muss vom Käufer schnellstmöglich die Bezahlung erfolgen und durch das Klicken auf den Button „als bezahlt markieren" der Zahlungsvorgang als abgeschlossen und bestätigt markiert werden. Geschieht dies nicht schnell genug, wird der Kauf rückabgewickelt und eine negative Bewertung vergeben. Hat der Verkäufer den Zahlungseingang bestätigt, wird das gekaufte Bitcoin-Guthaben von bitcoin.de freigegeben. Dabei fallen Gebühren in Höhe von einem Prozent an, die sich Verkäufer und Käufer teilen. Da bitcoin.de ein strenges Bewertungssystem besitzt, können neu registrierte Benutzer zu Beginn nur kleine Mengen an Bitcoin handeln, da sie sich erst Vertrauen erwerben müssen. Dieses Vertrauenssystem ist notwendig, da der Handel zwischen Privatpersonen stattfindet und bitcoin.de, ähnlich wie ebay, lediglich als Plattform für die Vermittlung des Geschäftes dient.

BTC-e

BTC-e ist eine in Bulgarien ansässige Börse für Bitcoin und andere Kryptowährungen (https://btc-e.com). Neben dem US-Dollar und dem Euro wird auch der Russische Rubel gelistet. Die Benutzeroberfläche ist in englischer, russischer und chinesischer Sprache verfügbar.

Die Registrierung eines neuen Accounts ist kostenlos möglich, ebenso wie die Einzahlung von digitalen und Fiat-

Währungen. Für Kauf oder Verkauf von Währungen fällt eine Gebühr von 0,2 Prozent an. Auszahlungen kosten Gebühren in Höhe von 0,001 BTC oder 0,1 Einheiten in den übrigen Kryptowährungen. Auszahlungen von US-Dollar, Euro und Rubel können über verschiedene Zahlungsdienstleister, wie Okpay und Perfect Money mit unterschiedlich hohen Gebühren oder via SEPA-Überweisung vorgenommen werden. Neben Bitcoin und Litecoin sind bei BTC-e auch weitere Kryptowährungen wie Namecoin, NovaCoin, Peercoin, Feathercoin, Primecoin und Terracoin handelbar

Die Logins in den eigenen Account werden mit einer E-Mail quittiert und bieten damit eine zusätzliche Warnstufe, für den Fall von Hackerangriffen. Auszahlungen müssen ebenfalls über einen Link, der per E-Mail zugesendet wird, bestätigt werden.

Bter

Bter (https://bter.com) ist eine der größten chinesischen Handelsbörsen für digitale Währungen. China ist mittlerweile neben den USA der größte Markt für Kryptowährungen. Dadurch ist auf der Plattform für ausreichende Liquidität gesorgt. Bter verfügt neben einer chinesischen auch über eine englische Benutzeroberfläche. Im Zuge der kostenlosen Anmeldung wird neben dem Login-Passwort auch ein Fund-Passwort verlangt. Dieses Fund-Passwort ist zur Auszahlung von Guthaben notwendig.

Auf der Handelsplattform lassen sich derzeit neben Bitcoin über weitere 40 Kryptowährungen handeln. Die Kurse sämtlicher Kryptowährungen werden gegen Bitcoin oder teilweise auch Litecoin gestellt. Fiat-Währungen wie US-Dollar oder Euro werden nicht gehandelt, nur die chinesische Landeswährung Renminbi. Alle Kryptowährungen können kostenlos eingezahlt werden. Bei der Auszahlung fällt eine Gebühr an, die je nach Währung variiert, so werden bei Bitcoin 0,0005 BTC fällig, bei Litecoin 0,02 LTC. Die Gebühren für den Kauf und Verkauf liegen bei 0,2 Prozent.

Cryptsy

Cryptsy (https://www.cryptsy.com) ist eine amerikanische Handelsplattform, auf der neben Bitcoin über 100 weitere Kryptowährungen gehandelt werden können. Die Handelsbörse wurde am 20. Mai 2013 eröffnet und erfreut sich mit derzeit über 130.000 registrierten Nutzern und einem Volumen von über 300.000 Transfers am Tag großer Beliebtheit. Die Registrierung eines neuen Kontos erfolgt über die englischsprachige Website.

Die Plattform stellt für jede handelbare Kryptowährung Adressen zur Einzahlung bereit. Allerdings kann keine Fiat-Währung wie Euro oder Dollar einbezahlt werden, um damit Kryptowährungen zu kaufen, sondern es können nur Kryptowährungen überwiesen werden und diese können auch nicht gegen Fiat-Währungen, sondern nur gegen andere Kryptowährungen getauscht werden. Dabei fallen für den Verkauf von Währungen 0,3 Prozent und für Kauf 0,2 Prozent an Gebühren an. Bei Auszahlungen fallen bei den notierten Kryptowährungen unterschiedliche Gebühren an, bei Bitcoin sind es 0,0002 BTC.

Kraken

Die Handelsplattform Kraken (https://www.kraken.com) wird von der Firma Payward Limited mit Sitz in London betrieben und nahm am 9. September 2013 den Betrieb auf. Zusätzlich zu Bitcoin können weitere digitale Währungen gehandelt werden. Nach der Registrierung auf der englischsprachigen Homepage bietet Kraken ein mehrstufiges Verifikationssystem. Je nach Stufe schwanken die täglichen und monatlichen Ein- und Auszahlungslimits zwischen 1.000 US-Dollar (vollständige Angaben im Anmeldeformular) und 100.000 Dollar (Ausweiskopie und Adressnachweis). Zudem können sich Unternehmen gesondert verifizieren, um das Limit auf 500.000 Dollar zu erhöhen.

Kraken ermöglicht Einzahlungen auf das Handelskonto in Euro oder Dollar, ebenso Abhebungen. Auszahlungen sind aber auch in den handelbaren Kryptowährungen, beispielsweise Litecoin, möglich. Durch eine Kooperation mit der in München ansässigen Fidor Bank AG ist es möglich, SEPA-Überweisungen auf das eigene Handelskonto vorzunehmen. Der Handel mit den Kryptowährungen ist sowohl zum Marktpreis als auch über Ordertypen wie Stop Loss, Trailing Stop und weitere möglich. Dabei fällt eine Gebühr von 0,2 Prozent des Handelsvolumens an, die aber nach Erreichen bestimmter Umsatzgrenzen absinkt. Kraken stellt einen relativ unkomplizierten Weg dar, um Euro gegen Bitcoin tauschen zu können.

Neben dem Online-Handel zwischen Privatpersonen haben sich in letzter Zeit auch regionale Marktplätze entwickelt. So bietet die Plattform Localbitcoins (https://localbitcoins.com) die Möglichkeit, Käufer und Verkäufer vor Ort zu finden und dann offline zu treffen, um Bitcoin zu handeln.

Natürlich können die aufgezeigten Möglichkeiten für den Erwerb auch für den Verkauf von Bitcoin genutzt werden. Bitcoin werden über die jeweilige Plattform verkauft und das Guthaben wird auf das eigene Bankkonto übertragen. Viele Handelsbörsen erweitern ihr Angebot ständig. Neben Bitcoin können zusätzlich auch weitere der inzwischen zahlreichen Kryptowährungen gehandelt werden. Die Handelsplattformen orientieren sich dabei am regulären Devisenmarkt. Dort werden Währungen immer nur in Paaren gehandelt, da immer eine Währung gegen eine andere getauscht wird. Es werden nicht Dollar gekauft, sondern Euro für Dollar getauscht. Aus diesem Grund werden Währungskurse auch immer in Paaren angegeben, zum Beispiel EUR/USD 1,3523. Die erste Währung wird als Basiswährung bezeichnet, die zweite als Kurswährung. Die Währung, die erworben werden soll, steht dabei immer an der ersten Stelle. Bei einem Handel wird die Basiswährung, hier der Euro, gekauft und die Kurswährung, hier der US-Dollar, verkauft. Der jeweilige Kurswert gibt an, wie viel von der Kurswährung benötigt wird, um eine Einheit der Basiswährung zu erwerben. Für einen Euro sind 1,3523 US-Dollar zu zahlen. Beim regulären Devisenmarkt erfolgt die Notierung meist bis zur vierten Nachkommastelle. Die grundlegenden Notierungsprinzipien wurden auch für die digitalen Währungen übernommen. Die meisten Kryptowährungen haben ebenfalls eine Abkürzung aus drei Buchstaben und die Notierungen an den Handelsbörsen werden ebenfalls paarweise vorgenommen, aber die Nachkommastellen variieren je nach Wert der Währungen. Die Notierung BTC/EUR 385,84 bedeutet, dass pro Bitcoin 385,84 Euro zu bezahlen sind, während LTC/BTC 0,02386145 anzeigt, dass für einen Litecoin 0,02386145 Bitcoin zu bezahlen sind.

Da die Handelsplattformen weitgehend unreguliert sind, unterliegen sie auch keiner Einlagensicherung wie dies bei Banken der Fall ist. Für die Guthaben haftet allein der Betreiber der Börse. Obwohl inzwischen die Sicherheitsmaßnahmen verstärkt wurden und einige Betreiber auch die Haftung für verlorene Einlagen übernehmen, stellt die Gefahr eines Hackerangriffs und des Verlustes der Einlagen immer noch eine ständige Bedrohung dar. Die Insolvenz von Mt.Gox zeigt, dass auch große Handelsplätze nicht sicher sind. Es ist deshalb empfehlenswert, Guthaben, egal ob in Bitcoin oder Fiat-Währung, nur zum Kauf oder Verkauf auf das Konto einer Handelsplattform zu transferieren.

Herstellung von Bitcoin: Mining

Neben dem Kauf von Bitcoin stellt das sogenannte Mining den zweiten Weg dar, um an die digitale Währung zu gelangen. Eigentlich handelt es sich dabei um den ursprünglichen Weg, denn neue Bitcoin werden nur durch Mining ausgeschüttet, da es keine zentrale Institution gibt, die Bitcoin ausgibt. Die Bezeichnung Mining entstand, weil das Errechnen von Bitcoin mit dem Schürfen von Rohstoffen wie beispielsweise Gold vergleichbar ist. Unter hohem Aufwand werden kleine Mengen gewonnen. Der Vorteil des Bitcoin-Mining ist, dass die meiste Arbeit von Computer erledigt wird.

Beim Bitcoin-Mining werden keine Münzen ausgegraben, sondern die im Netzwerk anfallenden Transaktionen von Bitcoin an unterschiedliche Adressen verarbeitet. Während des Prozesses werden Transaktionen in Blöcke zusammengefasst, diese Blöcke werden durch Rechenoperationen bestätigt und an das Bitcoin-Netzwerk gesendet, wo sie in die Block Chain eingefügt werden. Die Block Chain ist die Aneinanderreihung aller Transaktionen im Bitcoin-Netzwerk. Ungefähr alle zehn Minuten wird die Block Chain durch Hinzufügen eines neuen Blocks mit den Daten der letzten angefallenen Transaktionen, wie Sender- und Empfängeradressen, verschickten Beträgen und Gebühren, aktualisiert.

Während Client-Anwendungen die Block Chain nur lesen und Transaktionen an sie übermitteln, wird durch das Mining festgelegt, welche Transaktionen in die Block Chain übernommen werden. Ungültige oder manipulative Transaktionen werden ignoriert, während die Block Chain permanent fortgeschrieben wird.

Im Durchschnitt entsteht im Netzwerk alle zehn Minuten ein Block mit neuen Bitcoin. Um eine zu schnelle Ausschüttung aller Bitcoin zu verhindern, halbieren sich die in den Blöcken enthaltenen Einheiten alle 210.000 Blöcke, was einem Zeitraum von ungefähr vier Jahren entspricht (Ein Block alle zehn Minuten = 144 Blöcke am Tag = 4.320 Blöcke im Monat = 52.560 Blöcke im Jahr).

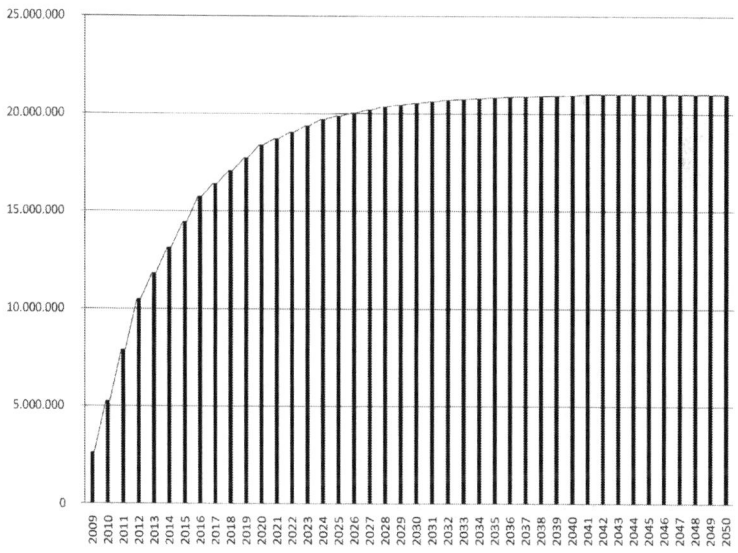

Prognose der Bitcoin-Menge bis 2050
Quelle: Eigene Darstellung basierend auf Daten von http://bitcoincharts.com.

Die erste Reduzierung der ausgeschütteten Bitcoin von 50 auf 25 Stück pro Block fand am 28. November 2012 satt. Die nächste Halbierung von 25 auf 12,5 Stück wird im Jahr 2016 vollzogen werden. Durch die permanenten Halbierungen wird ein Großteil der Bitcoin bis zum Jahr 2040 erzeugt sein. Die letzten der 21 Millionen werden im Jahr 2140 generiert werden. Danach findet keine neue Generierung mehr statt, sondern nur noch ein Transfer der bestehenden Bitcoin.

Herzstück des Bitcoin-Systems ist die Block Chain, in der alle Transaktionen gespeichert werden. Um die Sicherheit dieser Datei zu garantieren, muss sie vor Manipulationen geschützt werden. Die Sicherung findet durch das Mining statt. Ein beliebiger Rechner, der sich durch eine Software am Mining beteiligen kann, bekommt durch das Bitcoin-Netzwerk die Aufgabe zugewiesen, ein mathematisches Problem auf Basis der letzten verfügbaren Transaktionen zu lösen.

Bitcoin nutzt bei der Blockgenerierung den sogenannten Proof-of-Work (dt. Arbeitsbeweis). Vereinfacht gesagt, muss zuerst eine bestimmte Arbeitsleistung durch den Vergleich von Hashwerten erbracht werden, bevor eine Belohnung erfolgt. Zur Lösung des Problems muss der Computer, unter Verwendung eines doppelten SHA256-Algorithmus, einen Schlüssel in Form eines Hashwertes finden, der mit der Liste der letzten Transaktionen und dem Hashwert des letzten abgeschlossenen Blocks in der Block Chain einen neuen Hashwert generiert. Da jeder neue Block auch den Hashwert des Vorgängerblocks enthält, ergibt sich eine fortlaufende Kette von Blöcken und Berechnungen, die aufeinander aufbauen. Die dadurch geschaffene Block Chain lässt sich bis zum sogenannten Genesis Block zurückverfolgen, der am 3. Januar 2009 als erster Block des Bitcoin-Netzwerkes geschaffen worden ist.

Mit zunehmender Popularität des Mining und durch entsprechende Investitionen in leistungsfähige Hardware wären alle 21 Millionen Bitcoin sehr schnell erzeugt. Da die Generierung aber mehrere Jahrzehnte dauern soll, um eine zu schnelle, inflationäre Verbreitung zu verhindern, verfügt die Software über einen variablen Schwierigkeitsgrad, der sich automatisch an die zur Verfügung stehende Rechenkapazität anpasst. Die Software setzt an den Anfang der Hashwerte Nullen, die den Schwierigkeitsgrad der Berechnungen steuern. Je mehr Nullen am Anfang des Hashwertes stehen, desto schwieriger ist die Berechnung. Der Schwierigkeitsgrad für das Lösen der Blöcke wird alle 2.016 Blöcke, was einem Zeitraum von zwei Wochen entspricht, angepasst, um zu gewährleisten, dass durchschnittlich alle zehn Minuten ein Block generiert wird, der dann auch neue Bitcoin enthält. Wenn viele Teilnehmer ihre Rechenkapazität in das Netzwerk einbringen, könnten die jeweiligen Blöcke sehr schnell berechnet werden. Durch zusätzliche Rechenkapazität werden aber nicht mehr Bitcoin erzeugt, sondern nur die im Protokoll vorgesehenen Coins schneller ausgeschüttet.

Jeder neue Hashwert muss eine vom Netzwerk geforderte Schwierigkeitsstufe, die als eine bestimmte Zahl von Nullen am Anfang des Hashwertes ausgedrückt wird, erfüllen. Je mehr Nullen am Anfang des Hashwertes stehen, desto schwieriger ist die Berechnung, denn die daran beteiligten Computer müssen viel mehr Werte berechnen, bis sich ein Hashwert findet, der die entsprechende Anzahl an Nullen am Anfang aufweist. Wenn der Schwierigkeitsgrad beispielsweise festlegt, dass ein Hashwert mit einer Null am Anfang gültig ist, dann gibt es eine richtige Lösung, die mit Null beginnt und neun falsche Antworten, die mit den Ziffern 1 bis 9 beginnen. Wenn der Schwierigkeitswert bei zwei Nullen am Anfang liegt, dann existieren ein richtiger Wert, der mit 00 beginnt, und 99 falsche Möglichkeiten. Da die Hashwerte keine Rückschlüsse auf den ursprünglichen Wert zulassen, kann der korrekte Wert nur durch Versuch und Irrtum gefunden werden. Es werden möglichst viele Werte errechnet, die beim Einfügen in den aktuellen Block unter einem bestimmten Hashwert liegen. Andere Rechner im Netzwerk überprüfen, ob das Ergebnis unter dem aktuellen Zielwert liegt. Je mehr Rechenleistung zur Verfügung steht, desto schneller erfolgt die Überprüfung.

Wird ein passender Wert gefunden und der Block gelöst, wird eine Transaktion von derzeit 25 Bitcoin generiert, die an die Adresse des Rechners geschickt werden, der den richtigen Hashwert errechnet hat. Da jeder Block zum Zeitpunkt seiner

Lösung in die Block Chain eingefügt wird und dieser Block die aktuellsten Transaktionen enthält, entsteht eine chronologische Abfolge aller Netzwerktransaktionen. Die jeweils aktuellen Blöcke, also die letzten, die der Block Chain hinzugefügt wurden, sind einsehbar unter http://blockexplorer.com. So enthielt zum Beispiel Block Nr. 320.011, der am 10. September 2014 um 15:08 Uhr im Netzwerk generiert worden ist, 277 Transaktionen mit insgesamt 1978,71944237 Bitcoin.

Der primäre Zweck des Mining ist nicht die Generierung neuer Bitcoin. Dies mag zwar im Moment aufgrund der hohen Menge an ausgeschütteten Bitcoin im Vordergrund stehen, aber das Mining dient hauptsächlich der Verarbeitung und Bestätigung der Transaktionen innerhalb des Netzwerkes. Die Ausschüttung neuer Bitcoin über die Blöcke ist nur ein praktischer Weg, die neuen Coins gleichmäßig zu verteilen. Dieser Vorgang ersetzt gleichzeitig die Geldschöpfung durch eine Zentralbank. Bereits jetzt gibt es die Option, Transaktionen durch Gebühren beschleunigt verarbeiten zu lassen und spätestens wenn ein Großteil der Bitcoin erzeugt sein wird, wird dies die einzige Einnahmequelle der Miner sein. Auch nach der Schöpfung aller Bitcoin ist weiterhin Rechenleistung notwendig, damit das Netzwerk funktioniert und Transaktionen bestätigt werden können.

Auch wenn die einzelnen Rechenvorgänge beim Mining kompliziert sind, so wird die Detailarbeit doch von der Software erledigt, die im Vergleich zu den im Hintergrund ablaufenden Rechenprozessen sehr einfach zu bedienen ist. Wichtiger als die Rechenoperationen ist die zur Verfügung stehende Leistungsfähigkeit der Computer zur Berechnung der Aufgaben. Die Rechenkapazität des Netzwerkes wird in Hashes pro Sekunde gemessen. Ein Hashwert ist ein Wert fester Länge, typischerweise codiert als hexadezimale Zeichenkette, der aus beliebigen Eingabedaten gewonnen wird. Da die Rechenleistung immer weiter ansteigt, ergeben sich auch ansteigende Messgrößen:

- 1 H/s = 1 Hash-Berechnung pro Sekunde
- 1000 H/s = 1 KH/s (Kilohash pro Sekunde)
- 1000 KH/s = 1 MH/s (Megahash pro Sekunde)
- 1000 MH/s = 1 GH/s (Gigahash pro Sekunde)
- 1000 GH/s = 1 TH/s (Terahash pro Sekunde)
- 1000 TH/s = 1 PH/s (Petahash pro Sekunde)

Derzeit hat das Bitcoin-Netzwerk eine Rechenkapazität von ungefähr 225.000 Terahashes in der Sekunde (Stand: September 2014). Diese Leistung lässt sich nicht direkt mit der Rechenleistung von Supercomputern vergleichen, da diese eine andere Architektur aufweisen, übertrifft jedoch die Kapazität der existierenden Superrechner bei weitem.

Kurz nach Einführung reichte ein normaler PC aus, um Tausende von Bitcoin generieren zu können. Mit zunehmender Nutzerzahl stieg der variable Schwierigkeitsgrad an und die Prozessoren normaler Computer reichten bald nicht mehr aus, um Mining profitabel betreiben zu können. Schon Mitte 2011

war der Schwierigkeitsgrad so hoch, dass ein Rechner mehrere Jahre gebraucht hätte, um einen einzigen Bitcoin-Block zu
lösen. Der steigende Schwierigkeitsgrad ist mit dem Abbau
einer Goldader vergleichbar, vor allem während eines Gold-
rausches. Die ersten Vorkommen sind noch relativ leicht ab-
zubauen, aber je mehr Goldschürfer einen Teil des Vorkom-
mens haben wollen, desto schneller ist das Vorkommen aus-
gebeutet und ein immer höherer Aufwand muss betrieben
werden, um auch die letzten Goldreste abbauen zu können.
Genauso verhält es sich mit dem Mining von Bitcoin, nur dass
die Arbeit rein virtuell von Computern geleistet wird.

Um dem steigenden Schwierigkeitsgrad zu begegnen, fand
eine Verlagerung der Rechenoperationen statt. Das Mining,
die reinen Rechenoperationen, verlagerte sich vom Hauptpro-
zessor des Computers hin zu den Grafikkarten und deren Prozessoren. In den letzten Jahren hatten Grafikkarten, die hauptsächlich in Spiele-PCs eingesetzt werden, enorme Entwick-
lungsschübe erfahren. Die auf den Grafikkarten eingesetzten
Prozessoren (GPU) sind zwar spezialisiert für bestimmte Re-
chenanwendungen, erledigen diese aber effizienter als Com-
puterprozessoren (CPU), die als Allrounder eine Vielzahl
unterschiedlicher Rechenoperationen erledigen müssen. Auch
für die SHA256-Rechenoperationen zur Bestätigung der
Transaktionen sind die Grafikkarten-Prozessoren besser geeignet als die reinen PC-Prozessoren. Jedoch gibt es auch bei
den Grafikkarten Unterschiede. Je leistungsfähiger und teurer

eine Grafikkarte ist, desto besser ist sie in der Regel auch für das Mining geeignet. Jedoch zeichnen sich leistungsfähigere Grafikkarten auch durch einen erhöhten Stromverbrauch aus.

Mit dem steigenden Energieverbrauch regulärer Grafikkarten begann bald die Suche nach Alternativen. Die Suche wurde beschleunigt durch die steigenden Wechselkurse. Der Bitcoin-Kurs, der bereits im Jahr 2011 ein Hoch bei fast 32 US-Dollar erreicht hatte, ließ immer mehr und immer leistungsfähigere Mining-Computer an den Start gehen. Dadurch stieg aber auch der Schwierigkeitsgrad immer weiter an. Eine Alternative bestand einige Zeit lang im Einsatz von FPGAs (Field Programmable Gate Arrays). Dabei handelt es sich um stark spezialisierte Schaltkreisplatinen, die hauptsächlich in Forschung und Industrie eingesetzt werden. Sie bieten zwar eine hohe Rechenleistung bei sehr niedrigem Energieverbrauch, kosten dafür aber ein Vielfaches im Vergleich zu Grafikkarten.

Bald waren auch die FPGAs nicht mehr leistungsfähig genug. Seit 2012 begann deshalb eine neue Entwicklung, um dem steigenden Schwierigkeitsgrad zu begegnen. Es entstand ein völlig neuer Zweig der PC-Industrie, der sich mit der Entwicklung und Herstellung von ASIC (Application Software Integrated Circuit) für das Mining beschäftige. Dabei handelt es sich um speziell für SHA256-Berechnungen entwickelte Prozessoren, die sich durch eine enorm hohe Rechenleistung bei sehr geringem Stromverbrauch auszeichnen.

Mittlerweile bieten mehrere Unternehmen ASICs in verschiedenen Leistungskategorien und Preisklassen an. Die Varianten reichen von einem ASIC-Miner mit einigen Gigahashes an Leistung in der Größe eines USB-Sticks bis hin zu Minern in der Größe eines Desktop-PCs und mehreren hundert bis tausend Gigahashes an Leistung. Durch den verstärkten Einsatz von ASIC-Minern stieg der Schwierigkeitsgrad im Bitcoin-Netzwerk im Laufe des Jahres 2013 immer weiter an. Der stetig steigende Schwierigkeitsgrad verstärkt das „Wettrüsten". Es werden immer leistungsfähigere und teurere ASIC-Miner benötigt, um noch genügend Bitcoin erzeugen zu können. Durch den dadurch regelmäßig ansteigenden Schwierigkeitsgrad generieren die ASIC-Miner aber immer weniger Bitcoin und häufig können sie nicht einmal mehr ihre Anschaffungskosten erwirtschaften. Mittlerweile sind die ersten ASIC-Miner mit einer Leistung von bis zu drei Terahashes (3.000 Gigahashes) und mehr auf dem Markt. Diese Geräte kosten mehrere tausend US-Dollar und die ersten Besitzer können mit einem hohen Ertrag rechnen. Sobald aber einige hundert Geräte dieser Leistungsklasse im Netzwerk rechnen, wird der Schwierigkeitsgrad so weit ansteigen, dass die Erträge rasch und kontinuierlich sinken werden.

Unter https://en.bitcoin.it/wiki/Mining_hardware_comparison finden sich umfangreiche Vergleichstabellen mit Daten zu fast allen erhältlichen ASIC-Geräten, Grafikkarten sowie Vergleichsdaten aller gängigen Prozessoren. Ein Vergleich unterschiedlicher Leistungs- und Preisklassen von Geräten zeigt die rasante Steigerung der Rechenleistung beim Mining.

Gerät	Leistung (GH/s)	Stromver- brauch (W)	Kosten (€)
CPU Intel Core i7 920	ca. 0,02	ca. 130	ca. 280
Grafikkarte ATI 7970	ca. 0,7	ca. 230	ca. 270
ASIC AntMiner S1	ca. 180	ca. 350	ca. 200
ASIC AntMiner S3	ca. 450	ca. 355	ca. 420
ASIC KNC Neptune	ca. 3.000	ca. 2.000	ca. 4.600

Quelle: Eigene Zusammenstellung mit Daten aus https://en.bitcoin.it/wiki/Mining_hardware_comparison (Stand: September 2014).

Die Website Bitcoinx (http://www.bitcoinx.com/profit) bietet einen sehr guten Vergleichsrechner, der die Eingabe mehrerer Variablen ermöglicht. Basierend auf dem aktuellen Schwierigkeitsgrad des Netzwerkes und dem aktuellen Bitcoin/Dollar-Kurs, lässt sich berechnen, ab wann sich das Mining mit vorhandener oder neu anzuschaffender Hardware amortisiert.

Da der Schwierigkeitsgrad bei der Lösung der Blöcke aufgrund der wachsenden Anzahl an immer leistungsfähigeren Geräten schnell anstieg, wurde das sogenannte Solo Mining, das Suchen nach den richtigen Lösungen für die Blöcke auf eigene Rechnung, schon sehr früh völlig unrentabel. Aus diesem Grund entstanden Mining-Pools. Dabei handelt es sich um den Zusammenschluss mehrerer Nutzer zur Bündelung ihrer Rechenkapazität. Gemeinsam werden die Bitcoin-Rechenoperationen schneller gelöst und die dabei erzeugten Bitcoin werden je nach Beitrag des Einzelnen zur Lösung eines Blocks, der aktuell 25 Bitcoin enthält, auf die beteiligten Rechner verteilt.

Generell unterscheiden sich die Mining Pools durch ihre Abrechnungsmethoden. Eine Variante ist die sogenannte Pay-per-Share-Methode. Ein Share besteht aus einer bestimmten Menge an Hashes, also Versuchen einen Blockwert richtig zu berechnen, die von einem Miner an den Pool geliefert werden. Die Auszahlung erfolgt dann je nach Anzahl der eingelieferten Shares aus dem Guthaben des Mining Pools. Dadurch lassen sich sofort Einnahmen erzielen, weshalb diese Methode ideal für Einsteiger ist. Da die Auszahlungen vom Betreiber des Mining Pools getragen werden, trägt er das Risiko, dass ein Block nicht gelöst wird. Dieses höhere Risiko lässt sich der Pool-Betreiber durch höhere Gebühren bezahlen, die bis zu zehn Prozent betragen können. Dafür erhalten die Miner fortlaufend kleinere Zahlungen.

Viele Pools bieten auch die proportionale Methode an. Dabei wird jeder Miner gemäß seines Beitrags an Rechenleistung zur Lösung eines Blocks bezahlt. Die Auszahlung erfolgt aber nur, wenn tatsächlich ein Block gelöst wird. Werden keine Blöcke gelöst, gibt es auch keine Auszahlung. Da das Risiko bei den Minern liegt, sind die Gebühren in der Regel niedriger als bei der Pay-per-Share-Methode.

Eine Übersicht der aktuell aktiven Mining Pools mit Angaben zum jeweiligen Standort, den eingesetzten Abrechnungsmethoden, den aktuellen Leistungsdaten sowie vielen weiteren Informationen findet sich unter:

https://en.bitcoin.it/wiki/Comparison_of_mining_pools.

Folgende grundlegenden Fragen sollten bei der Auswahl eines Mining Pools beachtet werden:

- Wie hoch ist die Pool-Gebühr?
- Wo ist der Standort des nächsten Poolservers?
- Fließen die in den Blöcken enthaltenen Transaktionsgebühren an den Pool oder werden sie an die Miner ausgeschüttet?
- Ist eine sofortige Auszahlung des Guthabens möglich oder gibt es Auszahlungslimits und Wartefristen?

Da es neben Bitcoin mittlerweile viele weitere Kryptowährungen gibt, entstanden sogenannte Multipools. Diese konzentrieren sich auf keine bestimmte Kryptowährung, sondern die Poolbetreiber wechseln, je nachdem, welche Kryptowährung zurzeit die höchste Profitabilität beim Verkauf an den Handelsbörsen erzielt.

Einer der bekanntesten und größten Multipools ist GHash (https://ghash.io). Der Pool wurde Mitte 2013 als reiner Bitcoin-Mining-Pool eröffnet. Er wuchs rasch zum größten Pool für Bitcoin-Mining, der inzwischen 30 Prozent und mehr der gesamten Netzwerkkapazität erzeugt. Zur Popularität des Pools trug die Konzeption als Cloud-Mining-Pool bei. Nutzer können virtuelle Mining-Hardware kaufen, die von GHash in eigenen Rechenzentren betrieben wird. Damit ist es möglich, Mining zu betreiben, ohne entsprechende Hardware kaufen und konfigurieren zu müssen. Die virtuelle Mining-Hardware kann über die Handelsplattform CEX (https://cex.io), die ebenfalls zum Pool gehört, leicht wieder verkauft werden und unterliegt täglichen Kursschwankungen. Neben der Kryptowährung wird so auch die Rechenkapazität zum Handelsgut. Parallel zum Kauf ist es auch möglich, eigene Hardware in den GHash-Mining-Pool einzubinden. Im März 2014 wurde das ursprünglich nur auf Bitcoin ausgerichtete Mining von GHash um weitere Kryptowährungen erweitert und seit April kann im Rahmen des GHash Multipool Pro die jeweils profitabelste Kryptowährung geschürft werden.

Unabhängig von der Methode, wird für das Mining eine bestimmte Software benötigt, die die Hardware steuert und die Kommunikation mit dem Netzwerk sowie den Pool-Servern übernimmt. Einige Mining Pools bieten auch speziell vorkonfigurierte Programme an, die an die jeweiligen Pool-Schnittstellen angepasst sind und nur noch installiert werden müssen. Eine Übersicht der Programme findet sich unter https://en.bitcoin.it/wiki/Software#Mining_apps.

Als Universallösung für das Mining bei mehreren Pools bietet sich die Software Guiminer an (http://guiminer.org). Die Software muss nach dem Download nur entpackt und durch einen Klick auf „guiminer.exe" gestartet werden. Sie erkennt die installierte Hardware automatisch, ebenso sind Profile für die bekanntesten Mining Pools hinterlegt. Es fehlen nur noch die individuellen Zugangsdaten, die nach der Anmeldung bei einem Pool von diesem zur Verfügung gestellt werden.

Obwohl die Software relativ leicht zugänglich ist, erfordert der gesamte Mining-Prozess ein gewisses technisches Verständnis. Die Auswahl der richtigen Komponenten, der Zusammenbau und die Installation der Treiber sowie die Konfiguration der Software nehmen Zeit in Anspruch. Um den zahlreichen technischen Fragen und Schwierigkeiten begegnen zu können, hat sich im Internet eine aktive Community gebildet, die sich mit den vielfältigen Problemen beim Mining beschäftigt. Die wichtigste Anlaufstelle ist das Bitcoin-Forum (https://bitcointalk.org). In diesem Forum werden alle Themen des Mining, sowohl die Software als auch die Hardware, diskutiert und vielfältige Problemlösungen angeboten. Speziell für die Guiminer-Software gibt es einen englischsprachigen Bereich unter https://bitcointalk.org/?topic=3878.0.

Darüber hinaus werden in dem Forum auch viele andere Aspekte rund um Bitcoin diskutiert. Das Forum ist überwiegend auf Englisch, es gibt aber einen deutschsprachigen Bereich unter https://bitcointalk.org/index.php?board=16.0.

Mining erscheint verlockend. Der Computer rechnet und verdient dabei stetig Geld in Form der digitalen Währung. Da normale Computer für das Mining aber inzwischen völlig ungeeignet sind und selbst gut ausgestattete Rechner mit Hochleistungsgrafikkarten im Vergleich zu den ASICs nicht mehr konkurrenzfähig sind, ist der Einstieg in das Mining mittlerweile nur noch mit erhöhtem Kapitalaufwand möglich. Da die ASIC-Hardware ständig weiterentwickelt wird, kann selbst eine hohe Investition in aktuelle ASIC-Miner schnell zu einem Verlust führen, wenn die nächste Generation auf den Markt kommt. Zudem kommen vor allem in Deutschland die hohen Energiekosten hinzu, die das Mining zusätzlich belasten. Oft ist es sinnvoller und langfristig profitabler, einen Betrag statt in Hardware direkt in Bitcoin zu investieren und auf zukünftige Wertsteigerungen zu hoffen.

Die Risiken des Bitcoin-Systems

Verlustrisiko

Im Gegensatz zu Kreditkarten und anderen Zahlungsmöglichkeiten ist Bitcoin nicht gegen Manipulationen und Diebstahl geschützt. Werden Kreditkartendaten missbraucht, bekommt der Eigentümer den Schaden erstattet, bei Bitcoin ist dies nicht der Fall. Im Gegensatz zu normalen Sparguthaben gibt es auch keine Einlagensicherung, die Bitcoin schützen würde. Für reguläre Guthaben bei Banken und Sparkassen existieren in Deutschland mehrere unterschiedliche Einlagensicherungsfonds der Geldhäuser, die im Falle der Zahlungsunfähigkeit einer Bank die Guthaben der Sparer schützen. Seit dem 1. Januar 2011 greift außerdem eine neue Verordnung der EU-Kommission, wodurch Mitgliedsländer der EU zu einer gesetzlichen Entschädigung in Höhe von 100.000 Euro verpflichtet sind. All diese Sicherungsinstrumente gibt es für Bitcoin nicht.

So ist schon die Möglichkeit, Bitcoin zu speichern, mit vielen Risiken verbunden. Bei der lokalen Speicherung auf der Festplatte eines Computers kann ein Hardwaredefekt auftreten, der die Festplatte und damit das gesamte Bitcoin-Guthaben zerstört. Zudem ist Bitcoin durch Hackerangriffe gefährdet. Ohne Verschlüsselung und Absicherung gegen unberechtigte Zugriffe besteht immer ein Risiko bei der lokalen Speicherung auf einem Computer. Maßnahmen zur Verschlüsselung sind jedoch für Privatanwender relativ komplex und schon kleine Fehler können Sicherheitslücken verursachen. Auch die Online-Speicherung von Bitcoin bei entsprechenden Dienstleistern ist nicht vollständig sicher. Die sogenannten Online-Wallets stellen ein beliebtes Ziel für Hackerangriffe dar und bei einem erfolgreichen Angriff ist das Guthaben ebenfalls verloren.

Auch die Bitcoin-Börsen sind ein beliebtes Ziel für Hackerangriffe. Zudem verwenden viele Nutzer bei mehreren Handelsplattformen identische Zugangsdaten, sodass bei einem erfolgreichen Angriff oft der Zugang zu mehreren Websites erbeutet wird. Inzwischen verstärken deshalb viele Bitcoin-Börsen ihre Sicherheits- und Abwehrmaßnahmen und bieten beispielsweise doppelte Authentifizierungen bei Abhebungen an, etwa durch Google Authenticator.

Selbst große und vermeintlich etablierte Handelsbörsen wie Mt.Gox sind kein sicherer Ort für Bitcoin. Nachdem die Börse bereits im April 2013 für einige Tage offline gegangen war, hatte Mt.Gox am 7. Februar 2014 überraschend angekündigt, vorerst keine Bitcoin-Auszahlungen mehr vorzunehmen. Bereits zuvor war es zu Verzögerungen und langen Wartezeiten bei der Auszahlung von Dollar oder Euro gekommen. Schon am 10. Februar folgte ein weiteres Statement, das die Auszahlungen bis auf unbestimmte Zeit weiter aussetzte, denn angeblich liege in der Bitcoin-Software ein Fehler vor. Der Fehler soll es Anwender ermöglichen, Transaktionen als nicht gesendet zu markieren. So wäre es möglich, bereits erhaltene Bitcoin als nicht empfangen zu markieren und die Zahlung erneut anzufordern. Mt.Gox wolle sich nun Zeit nehmen und die Transaktionen auf Richtigkeit überprüfen. Nach einigen Wochen ging die Seite am 25. Februar 2014 schließlich komplett offline und wenige Tage später stellte Mt.Gox einen Insolvenzantrag. Mit diesem Schritt wurden die zahlreichen internen Fehler und eine eklatante Misswirtschaft bei der Handelsplattform offensichtlich. Mt.Gox sollen während des Betriebs ungefähr 850.000 Bitcoin durch Missmanagement verloren gegangen sein. Das entspricht ungefähr sechs Prozent aller Bitcoin, die zu der Zeit im Umlauf waren mit einem Gegenwert von etwa 365 Millionen Euro. Alle Nutzer, die zu dem Zeitpunkt Guthaben in Bitcoin oder Fiat-Währungen auf einem Mt.Gox-Konto hatten, warten seitdem auf eine Auszahlung. Mittlerweile ist in Japan ein Insolvenzverfahren eröffnet worden, das sich allerdings bis ins Jahr 2016 erstrecken kann. Ob die Nutzer zumindest einen Teil ihrer Einlagen zurückerhalten werden, ist ungewiss.

Wie folgende Tabelle zeigt, sind weder die Online-Wallets noch die Handelsplattformen vor einem Verlust oder Diebstahl von Bitcoin sicher.

Zeitpunkt	Plattform	Art	Verlust/ Diebstahl (BTC)	Damaliger Wert (€)
Juni 2011	MyBitcoin	Wallet	79.000	762.000
Mai 2012	Bitcoinica	Börse	38.000	70.000
Juli 2012	Bitcoinica	Börse	40.000	250.000
Sept. 2012	Bitfloor	Börse	24.000	191.000
Okt. 2013	Inputs.io	Wallet	4.100	885.000
Nov. 2013	GBL	Börse	4.100	3 Mio.
Feb. 2014	Mt.Gox	Börse	850.000	365 Mio.

Quelle: Eigene Zusammenstellung basierend auf https://bitcointalk.org/index.php?topic=576337.

Es ist deshalb empfehlenswert, Bitcoin nur zum Kauf oder Verkauf auf das Konto einer Handelsplattform zu transferieren und sie ansonsten auf eigenen Wallets zu sichern. Ebenso ist es nicht ratsam, Bestände an Euro, Dollar oder anderen Fiat-Währungen längere Zeit auf einer der Plattformen liegen zu lassen. Natürlich muss auch der eigene Rechner und die eigene Wallet gegen Verlust und Diebstahl gesichert werden, was zusätzliche Zeit und Arbeit kostet. Bitcoin fordert hier die Eigenverantwortung der Nutzer stärker als andere, bereits etablierte Währungen und Bezahlsysteme.

Verbotsrisiko

Mit zunehmender Verbreitung von Bitcoin besteht das Risiko staatlicher Eingriffe bis hin zum Verbot. Der dezentrale Charakter des Netzwerkes macht einen Zugriff für jede staatliche Institution sehr schwer, da es keinen zentralen Server gibt, den man überwachen und bei Verstößen abschalten kann. Eigentlich ist dies ein Vorteil der digitalen Währung, aber ein Zahlungssystem ohne staatliche Regulierung lockt auch Kriminelle an, die mithilfe von Bitcoin illegale Geschäfte abwickeln. Mit der zunehmenden Verbreitung von Bitcoin nimmt dann auch die Zahl der illegalen Geschäfte zu. Da keine Regierung Bitcoin regulieren kann und die komplette Abschaltung eines dezentralen Netzwerkes nicht möglich ist, besteht die Gefahr, dass Bitcoin schlicht für illegal erklärt wird. Bei einem Verbot der Bitcoin-Währung in vielen Ländern würden wahrscheinlich weiterhin Handel und Transaktionen damit im Internet stattfinden, jedoch wäre Bitcoin als Zahlungsmittel für legale Geschäfte nicht mehr einsetzbar. Dies würde einen enormen Preisverfall und schließlich das Ende von Bitcoin als Alternative zu regulären Währungen bedeuten.

Einer der Vorteile von Bitcoin, die Anonymität bei den Transaktionen, könnte sich in diesem Zusammenhang zu einem Nachteil entwickeln. Bereits jetzt werden Bitcoin für Geschäfte in grauen und schwarzen Märkten eingesetzt und allerlei dubiose Angebote kursieren im Netz. Beliebt war Bitcoin vor allem auf dem virtuellen Handelsplatz „Silk Road".

Silk Road existierte seit Februar 2011 in Form von Hidden Services im Tor-Netzwerk. Dabei handelt es sich um ein spezielles Netzwerk, das weitgehende Anonymität garantiert. Auf dem Markplatz wurden hauptsächlich illegale Waren, wie Drogen, Waffen und Arzneimittel, gehandelt. Der Großteil der Anbieter stammte aus den USA, aber der Versand der Waren fand weltweit statt. Allein im ersten Halbjahr 2012 wurden durchschnittlich monatliche Umsätze von umgerechnet 1,2 Millionen US-Dollar erzielt und der Handel über Silk Road machte ungefähr 4,5 bis 9 Prozent aller damaligen Bitcoin-Transaktionen aus.

Lange Zeit bleiben die Betreiber und die Standorte der Silk Road-Server im Dunkeln. Im Oktober 2013 gelang dem FBI schließlich ein Fahndungserfolg, denn der Betreiber von Silk Road konnte identifiziert und festgesetzt werden. Ross William Ulbricht, auf Silk Road bekannt als „Dread Pirate Roberts" wurde am 1. Oktober 2013 in San Francisco vom FBI verhaftet und wegen Drogenhandels, Hacking und Geldwäsche angeklagt. Zudem soll Ulbricht einen Mord an einem Silk Road-Nutzer in Auftrag gegeben haben, der drohte, Informationen über ihn zu veröffentlichen. Die Silk Road-Server wurden abgeschaltet und die gefundenen Daten ausgewertet. Nach der Zerschlagung von Silk Road dauerte es aber nicht lange, bis Kopien der Website erschienen, die weiterhin ihre Funktion als Handelsplatz für allerlei illegale Waren erfüllen.

Wie beliebt die digitale Währung auf der Handelsplattform war, zeigen die 29.655 Bitcoin, die in zahlreichen Nutzerkonten beschlagnahmt wurden. Dazu kam die Wallet des mutmaßlichen Betreibers von Silk Road. In ihr befanden sich noch einmal 144.336 Bitcoin. Bei der Razzia im Oktober entsprach das einem Wert von ungefähr 20 Millionen US-Dollar. Die Behörden unterschieden aber zwischen der illegalen Handelsplattform und der genutzten Währung, die nicht illegal ist. Deshalb wurden die 29.655 beschlagnahmten Bitcoin der Silk Road-Nutzer Mitte 2014 im Rahmen einer Versteigerung von den Behörden verwertet. Mit der Auktion, deren genauer Erlös nicht veröffentlicht wurde, steigerte die amerikanische Justiz gleichzeitig die Legitimität von Bitcoin als reguläres Wirtschaftsgut.

Einzelne Länder gehen aber bereits gegen Bitcoin vor. Obwohl Thailand nicht zu den Ländern mit einer großen Zahl an Bitcoin-Nutzern zählt, wurde von der Bank of Thailand, der Zentralbank der Landes, im Juli 2013 ein Verbot für Bitcoin ausgesprochen. Die Zentralbanker kamen im Rahmen einer Anhörung einer Firma, die eine Handelszulassung für Bitcoin beantragt hatte, zu dem Schluss, dass es keine Gesetze und keine Kapitalkontrollen für Bitcoin gibt und die Währung zudem zahlreiche unabwägbare finanzielle Risiken habe. Aus diesen Gründen verboten sie den An- und Verkauf von Bitcoin, den Tausch von Waren und Dienstleistungen gegen Bitcoin sowie das Versenden und Empfangen von Bitcoin von oder ins Ausland. Im Februar 2014 wurde das Verbot allerdings gelockert und der Tausch von Bitcoin gegen Baht innerhalb Thailands erlaubt.

Auch in Bolivien und Ecuador wurde Bitcoin verboten. In Bolivien diente die Vereinfachung der Steuerhinterziehung durch Bitcoin als Argument für das Verbot. In Ecuador erfolgte das Verbot vor dem Hintergrund, dass die Regierung eine eigene digitale Währung einführen will. Seit 2000 gilt in Ecuador der US-Dollar nachdem die eigene Währung, der Sucre, nach einer Hyperinflation abgeschafft worden ist und seitdem nur noch als Buchwährung im Handel mit anderen linksregierten Ländern Lateinamerikas dient. Mit einer eigenständigen digitalen Währung will sich Ecuador von der Dollarabhängigkeit lösen.

Auch in Russland ist Bitcoin nicht erlaubt. Das Büro des russischen Generalstaatsanwalts ließ verlauten, dass der Rubel laut Gesetz die einzige russische Währung sei und jede Verwendung einer digitalen Währung als illegal angesehen werden muss. Nachdem die russische Zentralbank im Juli 2014 erklärte, Transaktionen mit Bitcoin zumindest nicht zu unterbinden, arbeitet das russische Finanzministerium mittlerweile an einem Gesetzentwurf, der digitale Währungen verbieten soll. Der Entwurf umfasst ein Verbot von Bitcoin und anderen Kryptowährungen als Zahlungsalternative sowie ein Verbot, jene gegen Rubel oder ausländische Währung zu tauschen. Außerdem soll auch das Mining verboten werden.

Es ist allerdings völlig unklar, wie ein Bitcoin-Verbot umgesetzt und kontrolliert werden kann. Das Bitcoin-Netzwerk ist dezentral und die verwendeten kryptografischen Verfahren sind auch bei anderen, regulären Geschäftsvorgängen im Einsatz. Würde man diese Verschlüsselungsverfahren verbieten, wären keine sicheren Kreditkartentransaktionen, kein Online-Banking und kein Online-Handel mehr möglich. Die Behörden müssten stattdessen jeden Computer des Landes kontrollieren, ob darauf eine Bitcoin-Software installiert ist. Denkbar wäre es auch, den Zugang zu den Downloadseiten mit den Client-Versionen zu blockieren. Alle Verbotsmaßnahmen sind extrem aufwendig und stehen momentan noch in keinem Verhältnis zur Nutzerzahl von Bitcoin.

Staaten sind aber durchaus bereit, auch etablierte Zahlungsmittel zu verbieten, wenn es ihren Interessen dient. Selbst Gold, das allgemein gesellschaftlich akzeptiert ist, wurde immer wieder verboten, wie etwa in den USA, wo für mehrere Jahrzehnte ein Goldverbot bestand. Präsident Franklin D. Roosevelt unterzeichnete am 5. April 1933 die Executive Order 6102, wonach der private Goldbesitz ab dem 1. Mai 1933 in den USA verboten wurde. Roosevelt wollte dadurch den Abfluss des amerikanischen Goldes als Folge der Weltwirtschaftskrise verhindern, denn zuvor hatten zahlreiche Bürger ihr Gold ins eigene Heim oder ins Ausland geschafft. Aufgrund des Erlasses musste der gesamte private Goldbesitz bei staatlichen Annahmestellen innerhalb von zwei Wochen zum festen Goldpreis von 20,67 US-Dollar pro Feinunze umgetauscht werden. Lediglich Goldmünzen und -zertifikate, die den Wert von 100 US-Dollar nicht überschritten, durften behalten werden. Entdeckten die Behörden danach bei einer angeordneten Durchsuchung von Tresoren und Schließfächern noch Gold, enteigneten sie dieses entschädigungslos.

Dennoch wurde der private Goldhandel auch in den folgenden Jahren fortgesetzt und auch die Preise für Goldmünzen stiegen. Letztlich erzielte die Verbotsverordnung nicht den gewünschten Effekt, sondern erreichte genau das Gegenteil. Sie ließ die Schmugglertätigkeit an der kanadischen und mexikanischen Grenze zu einem neuen lukrativen Geschäft werden und führte gleichzeitig zu einer Kapitalflucht durch unkonzessionierten Kauf von Goldmünzen und -barren im Ausland. Das Goldverbot von 1933 hatte dennoch 41 Jahre lang Bestand, bis es am 31. Dezember 1974 von Präsident Gerald Ford aufgehoben wurde.

Das Goldverbot in den USA zeigt, dass staatliche Eingriffe bei Wertgegenständen nicht immer erfolgreich sind und sogar preissteigernd wirken können. Nicht nur reale Wertgegenstände wie Gold, auch digitale Bezahlsysteme können sehr schnell von den Behörden geschlossen werden, wie Liberty Reserve erfahren musste. Das Unternehmen Liberty Reserve betrieb von Costa Rica aus ein kontobasiertes Internet-Bezahlsystem. Auf den Konten wurden die Einzahlungen realer Währungen in die Liberty-Währung „LR" umgetauscht.

Diese digitale Währung konnte dann an andere Kontoinhaber bei Liberty Reserve gesendet werden. Für 75 US-Cent wurde die Kontonummer des Überweisenden im System anonymisiert. Da Liberty Reserve keinerlei Identifizierung bei der Eröffnung eines Kontos verlangte, war de facto die anonyme Nutzung bei Angabe falscher Daten möglich. Aufgrund der Anonymität wurden kriminelle Aktivitäten gefördert. Liberty Reserve wurde aber nicht nur von Kriminellen genutzt, sondern auch von Menschen in Regionen, in denen Firmen wie PayPal oder Western Union nicht verfügbar sind. Es stellte eine Alternative zu den anderen Bezahlsystemen dar.

Aufgrund der sehr laschen Identifizierungsvorschriften, die eine Kontoeröffnung nur mit Angabe eines Namens, einer Adresse und eines Geburtsdatums ohne jegliche Überprüfung ermöglichten, geriet Liberty Reserve schnell ins Visier zahlreicher Strafermittlungsbehörden und wurde verdächtigt, Geldwäsche, sowie illegalen Drogen- und Arzneimittelhandel zu unterstützen. Bei einer internationalen Aktion am 24. Mai 2013, die von der US-Justiz koordiniert wurde, verhafteten die Behörden den Betreiber von Liberty Reserve. Gleichzeitig wurden das gesamte LR-System sowie die Internetpräsenz des Unternehmens vom FBI abgeschaltet. Der US-Staatsanwaltschaft zufolge soll das Unternehmen mindestens 55 Millionen illegale Transaktionen für mehr als eine Million Nutzer vorgenommen haben und dabei Geldwäsche im Volumen von insgesamt sechs Milliarden Dollar unterstützt haben.

Das Beispiel von Liberty Reserve zeigt, dass ein komplettes und durchaus auch umfangreiches Bezahlsystem sehr schnell abgeschaltet werden kann, wenn sich die Behörden zum Handeln entschließen. Dennoch ist dieses Vorgehen, selbst in einer koordinierten internationalen Aktion, nicht komplett auf das Bitcoin-System übertragbar. Im Gegensatz zu Liberty Reserve ist das Bitcoin-Netzwerk dezentral aufgebaut. Dadurch gibt es keinen zentralen Server, der einfach abgeschaltet werden kann. Wenn das Bitcoin-System durch einen staatlichen Eingriff ausgeschaltet werden soll, müsste jeder Rechner auf dem eine Version der Client-Software läuft, abgeschaltet werden. Das ist aber schon aufgrund der globalen Verteilung der zahlreichen Rechner unmöglich.

Die Schließung von Liberty Reserve wirkte sich sogar positiv auf die Nutzerzahl des Bitcoin-Systems aus. Um die Verlagerung der illegalen Transaktionen zu verhindern, ergriffen die Bitcoin-Handelsbörsen bereits wenige Tage nach dem Schlag gegen Liberty Reserve Maßnahmen. Viele Handelsplattformen führten mehrstufige Verifikationsprozesse ein. So ist die Eröffnung eines Handelskontos zwar weiterhin anonym möglich, aber meist wird vor dem Handel oder der Rücküberweisung von Guthaben eine Verifikation in Form einer Ausweiskopie und eines aktuellen Adressnachweises verlangt.

Neben dem Einsatz von Bitcoin für illegale Geschäfte gibt es noch einen weiteren Aspekt, der das System für staatliche Institutionen problematisch erscheinen lässt. Alle etablierten

Fiat-Währungen werden durch Zentralbanken erschaffen. Die Zentralbanken schöpfen neues Geld und geben dieses an die Geschäftsbanken weiter. Diese geben wiederum Kredite aus und schaffen dadurch neues Geld. Durch die Schöpfung neuen Geldes ist die Geldmenge durch die Banken jederzeit beliebig vergrößerbar. Um dieses staatlich kontrollierte Monopol der Geldschöpfung zu schützen, das durch die algorithmusgesteuerte Generierung im Bitcoin-System überholt wäre, könnten Regierungen zum eigenen Machterhalt die digitale Währung verbieten.

Derzeit gibt es Verbote nur in Ländern, in denen Bitcoin nur sehr gering genutzt wird. Wenn das System jedoch in einigen der großen Industrienationen verboten würde, könnte es nicht mehr im Alltag eingesetzt werden. Auch sämtliche Tausch- und Handelsbörsen würden in diesen Ländern illegal werden. Die Verbreitung und Akzeptanz von Bitcoin wäre somit stark beeinträchtigt. Da Akzeptanz aber eine Grundeigenschaft jeder Währung ist, hätte Bitcoin bei einem internationalen Verbot keine Chance mehr, sich als Währung zu etablieren.

Regulierungsrisiko

Neben einem Verbot besteht ein Risiko in einer übermäßigen Regulierung von Bitcoin. Zwar ist es begrüßenswert, wenn die Behörden Stellung zu Bitcoin nehmen und dadurch Rechtssicherheit für die Nutzer schaffen. Die Gefahr besteht aber in einer Überregelementierung, die den Gebrauch von Bitcoin erschwert.

Es ist wenig überraschend, dass viele Länder und auch internationale Finanzbehörden skeptisch gegenüber Bitcoin eingestellt sind. Ende 2013 sprach die Europäische Bankenaufsicht (EBA) eine Warnung vor Bitcoin aus. Dies geschah vor dem Hintergrund der starken Kursschwankungen im November und Dezember des Jahres und sollte Anleger vor einem möglichen Verlust bewahren. Es folgten noch weitere Warnungen aber derzeit fehlt eine einheitliche Stellungnahme oder gar Regulierung von Bitcoin auf europäischer Ebene.

In Deutschland hat sich das Parlament bereits relativ früh mit Bitcoin beschäftigt. Im Juni 2013 wurde beschlossen, dass Spekulationsgewinne beim An- und Verkauf von Bitcoin nach einer Haltefrist von einem Jahr steuerfrei sind. Anders als etwa bei Aktien- oder Zinsgeschäften fällt keine Abgeltungssteuer an, wenn zwischen dem Kauf und dem Verkauf mehr als ein Jahr Zeit liegen. Damit wurde Bitcoin steuerlich dem Gold gleichgestellt, denn auch Spekulationsgewinne beim Edelmetall sind nach zwölf Monaten steuerfrei. Die Frage der

Dokumentation ist allerdings noch offen. Das Bundesfinanzministerium prüfte im August 2013 Bitcoin und ordnete die digitale Währung als Rechnungseinheit ein. Dadurch gilt Bitcoin in Deutschland als „privates Geld". Das Erzeugen von Bitcoin durch Mining sei nach Ansicht des Finanzministeriums private Geldschöpfung.

Die steuerliche Einordnung in Deutschland ist auf den ersten Blick positiv. Im Mai 2014 äußerte sich das Bundesfinanzministerium jedoch zum Thema Umsatzsteuer und Bitcoin. Demnach handle es sich beim Verkauf von Bitcoin um „sonstige Leistungen", die der Umsatzsteuerpflicht unterliegen. Unternehmen, die Bitcoin akzeptieren, könnten dadurch sogar doppelt besteuert werden. Zum einen müssten sie sowohl beim Verkauf ihrer Waren Umsatzsteuer zahlen als auch dann, wenn sie die eingenommenen Bitcoin gegen Euro verkaufen. Dies stellt für die Händler eine Beeinträchtigung dar, die die Akzeptanz von Bitcoin im Einzelhandel erschwert. Über die Dokumentations- und Nachweispflichten des privaten und gewerblichen Bitcoin-Handels gibt es zudem noch keine genauen Aussagen.

Auch in den USA gibt es einerseits positive Äußerungen von parlamentarischer Seite und andererseits komplizierte Vorschriften von den Finanzbehörden. So beschäftigte sich ein Komitee des US-Senats am 18. November 2013 im Rahmen einer Anhörung mit den digitalen Währungen und ihrem Einfluss auf kriminelle Aktivitäten. Natürlich kam dabei auch

Bitcoin zur Sprache, denn erst kurz zuvor war mit Silk Road eine Internethandelsplattform für Drogen und andere illegale Waren vom FBI geschlossen worden. Bitcoin war die einzige dort akzeptierte Währung. In der Anhörung berichteten die verschiedenen Ermittlungsbehörden über ihr Vorgehen beim Kampf gegen die Kriminellen. Sie betonten dabei, dass Bitcoin an sich nicht illegal sei und auch keine illegalen Aktivitäten fördere. Auch die Senatsmitglieder waren Bitcoin gegenüber nicht negativ eingestellt. Es wurden mehrfach die Chancen und Potentiale digitaler Währungen betont.

Zur weiteren Regulierung traf die amerikanische Steuerbehörde Internal Revenue Service (IRS) zu Beginn des Jahres 2014 die Entscheidung, Bitcoin und andere Kryptowährungen nicht als Währung, sondern als Vermögensbesitz zu behandeln und zu besteuern, da Bitcoin in keinem Land als reguläre Währung anerkannt sei. Mit der Entscheidung erhöht sich die Attraktivität von Bitcoin für Investoren, aber der Gebrauch als Zahlungsmittel im Alltag wird dadurch erschwert, denn die Bezahlung mit Bitcoin gilt als Warentauschgeschäft. Zukünftig müssen amerikanische Bürger Buch darüber führen, wann sie Bitcoin zu welchem Kurs gekauft haben, denn bei der Bezahlung mit Bitcoin wird der eventuell angefallene Kursgewinn besteuert. Wer also beispielsweise eine Tasse Kaffee für fünf US-Dollar mit Bitcoin bezahlt, die er zuvor für drei Dollar gekauft hat, muss die Differenz von zwei Dollar versteuern. Die Erträge werden nach einer Haltefrist von mindestens einem Jahr mit der Kapitalertragsteuer von maximal 23,8 Prozent belegt, sonst mit einem maximalen persönlichen Steuersatz von 43,4 Prozent. Damit kommen auf jeden amerikanischen Steuerschuldner umfangreiche Dokumentationspflichten zu und die Nutzung von Bitcoin für kleinere Zahlungen wird dadurch erschwert. Auch Bitcoin, die durch Mining gewonnen werden, sind als Einkommen steuerpflichtig.

Die finnischen Steuerbehörden teilen die Einschätzung ihrer amerikanischen Kollegen und fordern ebenfalls die Versteuerung des Wertzuwachses, wenn Waren oder Dienstleistungen mit Bitcoin oder anderen digitalen Währungen bezahlt werden. Verluste, die beim Verkauf von Bitcoin entstehen, sind jedoch nicht verrechenbar, da eine solche Wertminderung bisher im finnischen Steuerrecht nicht definiert ist.

Einen anderen Weg der Regulierung beschreitet China. Nachdem die Bitcoin-Nachfrage aus dem Land den Kurs Ende 2013 auf neue Höhen getrieben hatte und zahlreiche chinesische Handelsplattformen entstanden waren, sah sich die chinesische Zentralbank gezwungen, in den bis dahin völlig unregulierten Bitcoin-Handel einzugreifen. Im Dezember 2013 verbot die chinesische Zentralbank den Banken des Landes Geschäfte mit Bitcoin abzuwickeln, da die virtuelle Währung zur Umgehung von Kapitalkontrollen und der Vorschriften gegen Geldwäsche eingesetzt werde. Für Privatpersonen blieb der Bitcoin-Handel allerdings erlaubt. Das war insofern ein Zugeständnis, da zuvor keinerlei staatliche Regeln existiert hatten und durch die Aussage der chinesischen Zentralbank zumindest private Bürger Rechtssicherheit hatten. Kurz darauf wurde allerdings Zahlungsdienstleistern verboten, Transaktionen für Bitcoin-Handelsbörsen durchzuführen. Die Handelsbörsen wurden damit praktisch handlungsunfähig, denn sie können keine Überweisungen von Kundengeldern mehr annehmen. Viele Börsenbetreiber umgingen das Verbot, indem sie Zahlungen auf normalen Geschäftskonten oder bei Parallelfirmen annahmen. Die Zentralbank wies die Banken noch einmal verschärft auf die Einhaltung der Regeln hin. Trotz der Einschränkungen wird weiterhin reger Handel mit Bitcoin in China betrieben. Die Möglichkeiten für den täglichen Gebrauch des Bitcoin sind zwar so gut wie nicht vorhanden, jedoch stellt die digitale Währung eine Anlagemöglichkeit für Chinesen dar, die ansonsten bei der Geldanlage noch Einschränkungen unterliegen.

Die zunehmende Regulierung in vielen Ländern befreit Bitcoin vom Ruf der Illegalität, der der digitalen Währung im Zusammenhang mit der Anonymität der Transaktionen anhaftet. Gleichzeitig erschwert die übermäßige Reglementierung den Alltagsgebrauch und es besteht das Risiko, dass Bitcoin „zu Tode reguliert" wird.

Nischenrisiko

Ein Risiko liegt in der Nischenbildung durch die Entstehung weiterer digitaler Währungen. Bitcoin ist ein Open-Source-Projekt; die Software ist für jeden zugänglich und veränderbar. So kam es, ausgelöst durch die Kursentwicklung von Bitcoin zu einer regelrechten Flut an neuen Währungen, die sich zwar am Bitcoin-Konzept orientierten, teilweise aber auch eigene Akzente und Innovationen einführten. Eine der ersten Währungen, die nach Bitcoin entstanden war, ist Litecoin. Die Kryptowährung setzt auf einen anderen technischen Schöpfungsprozess und hat sich rasch verbreitet. Inzwischen gibt es noch viele weitere Kryptowährungen, die auf der Bitcoin-Software aufbauen und viele der Eigenschaften kopieren oder modifizieren, um sich von den anderen Währungen abzugrenzen. Auch die Namensgebung weist ein breites Spektrum auf, wie zum Beispiel Argentum, Auroracoin, Cryptogenic Bullion, Digitalcoin, Diamond, Dogecoin, Earthcoin, Feathercoin, Freicoin, LuckyCoin, Megacoin, Mooncoin, NovaCoin, Peercoin, Worldcoin und Zetacoin.

Da alle Kryptowährungen mehr oder weniger viele Anleihen am Vorbild Bitcoin nehmen, werden sie auch als „Altcoins" bezeichnet. Das ist die Kombination des englischen Begriffs „Alternative Cryptocurrency" (dt. alternative Kryptowährung). Mittlerweile gibt es über 600 Altcoins, die mehr oder weniger erfolgreich versuchen, Nutzer und Akzeptanz für sich zu gewinnen. Viele dieser Währungen werden, so wie Bitcoin zu Beginn seiner Entwicklung, erst in einem kleinen Kreis von Nutzern gehandelt und unterliegen heftigen Kursschwankungen. Während der Bitcoin-Kurs an einem Tag um zehn Prozent fallen oder steigen kann, liegt die Bandbreite bei kleineren Kryptowährungen bei 100 Prozent und mehr.

Die Altcoins sind zwar noch weniger verbreitet als Bitcoin und einige verschwinden mangels Unterstützung bald wieder, aber es gibt auch für viele dieser digitalen Währungen bereits Wechselkurse und Tauschbörsen. Keine der Währungen kann Bitcoin derzeit in Akzeptanz und Verbreitung übertreffen. Eine Möglichkeit besteht deshalb in der Existenz mehrerer paralleler digitaler Währungen, die ihre jeweilige Nische besetzen und ihren speziellen Nutzerkreis haben. Diese Entwicklung wäre fatal, denn eine derartige Aufsplitterung würde die Durchsetzung des Konzeptes einer digitalen Währung verhindern. Keine dieser „Nischenwährungen" wäre verbreitet und akzeptiert genug, um genügend Nutzer an sich zu binden.

Bitcoin hat zumindest den Startvorteil und die Nachahmer müssen erst einmal die Startschwierigkeiten überwinden. Jede neue Währung, die auf der Bitcoin-Software basiert, hat zunächst keinen direkten Vorteil im Vergleich zu Bitcoin und kann auch nicht auf die Infrastruktur zugreifen, die sich mittlerweile um Bitcoin entwickelt hat. Erst wenn eine Währung entwickelt wird, die all die Vorteile bietet, die auch Bitcoin hat und zusätzliche nützliche Eigenschaften aufweist, könnte Bitcoin rasch an Akzeptanz und Wert verlieren.

Mehrere Firmen analysieren derzeit im Auftrag der Finanzindustrie die Bitcoin-Software, um eigene Produkte auf Basis einer öffentlichen Datenbank mit Transaktionslisten, analog zur Block Chain, anbieten zu können. Auch die Verschlüsselung wird bereits untersucht. Derartige Aufträge zeigen, dass die etablierten Banken die Vorzüge von Bitcoin für eigene Zwecke nutzen könnten. Die Banken könnten ihre eigenen Dienste modernisieren oder letztendlich eine eigene Währung anbieten, die sie aufgrund ihrer Marktmacht leicht durchsetzen könnten. Bitcoin hätte dann das Nachsehen.

Selbst wenn Bitcoin die einzige Währung bleibt, so liegen Risiken in der mangelnden Akzeptanz bei der Wirtschaft und den fehlenden Anwendungen. Obwohl die Zahl der Nutzer und auch der Wert von Bitcoin rasant gestiegen sind, so gibt es immer noch relativ wenige Anwendungen und Stellen, die Bitcoin akzeptieren. Wenn Bitcoin weiterhin eine Nischenexistenz fristet, könnte sich die derzeitige Bewertung als zu hoch erweisen und der Kurs entsprechend fallen.

Kontrollrisiko

Die Dezentralität und das Fehlen einer steuernden Institution, wie etwa einer Zentralbank, ist ein großer Vorteil des Bitcoin-Systems. Das Bitcoin-Protokoll wurde zwar vermutlich von nur einer Person, Satoshi Nakamoto, erfunden, aber die Entwicklung blieb danach nicht stehen. Da Nakamoto öffentlich nie in Erscheinung getreten ist, übernahm ab 2011 ein kleines Entwicklerteam die Betreuung der Software. Wenn es im gesamten Bitcoin-Netzwerk so etwas wie eine zentrale Autorität gibt, dann ist es wohl dieses Entwicklerteam, das versucht, die Software zu verbessern und Sicherheitslücken zu schließen.

Das Entwicklerteam besteht aus einer kleinen Gruppe von Programmierern um Gavin Andresen, die im Rahmen der „Bitcoin Foundation" die Software betreuen und auf Sicherheitslücken oder Angriffe reagieren. Mitglieder der Bitcoin Foundation sind auch Ansprechpartner von Regierungen oder Behörden, wenn diese Fragen zu Bitcoin haben. Die meisten Nutzer vertrauen diesen Entwicklern und würden wohl auch Änderungen im Protokoll oder im Gesamtablauf des Bitcoin-Netzwerkes akzeptieren, da diese Änderungen bisher immer im Interesse des Gesamtsystems erfolgten. Dennoch ist nicht auszuschließen, dass das Entwicklerteam eigene Interessen verfolgt oder interessierte Kreise versuchen, Einfluss auf das Team zu nehmen, um die Entwicklung von Bitcoin in eine bestimmte Richtung zu lenken.

Wie eng die Verbindung der Foundation zu Bitcoin ist, zeigen zwei der ehemaligen Direktoriumsmitglieder. Mark Karpeles war Geschäftsführer der mittlerweile insolventen Handelsplattform Mt.Gox. Er hat im Zuge der Insolvenz auch seinen Direktorenposten in der Stiftung aufgegeben. Einem weiteren Gründungsmitglied der Stiftung, Charlie Shrem, wird Geldwäsche in Verbindung mit dem vom FBI geschlossenen Online-Marktplatz für illegale Waren, Silk Road, vorgeworfen.

Neben der potentiellen Vermischung von Geschäftsinteressen besteht ein weiteres Risiko in der Übernahme der Kontrolle des Netzwerkes durch 51 Prozent der Rechenkapazität. Wenn sich 51 Prozent der Kapazität des Bitcoin-Netzwerkes in einer Hand befinden, sind alle Transaktionsbestätigungen von dieser Person oder Organisation abhängig. Die Dezentralität des Netzwerkes, eines der Kernprinzipien für die Funktionsweise von Bitcoin, wäre damit nicht mehr gegeben. Solange sich mehr als 50 Prozent der Rechenkapazität des Netzwerkes in einer Hand befinden, kann der Angreifer die Bestätigung von Transaktionen verhindern. Außerdem kann er die Ausschüttung von neuen Bitcoin an andere Miner verhindern. Noch gravierender ist, dass der Angreifer auch Transaktionen rückgängig machen kann. Dadurch wird das doppelte Versenden von Bitcoin ermöglicht, in dem die erste Transaktion einfach wieder rückgängig gemacht wird und die Bitcoin noch einmal verschickt werden. Der Angreifer kann den Zahlungsverkehr aber nicht komplett lahmlegen, denn es können weiterhin Bitcoin verschickt werden. Die Transaktionen werden allerdings nicht mehr bestätigt. Der Angreifer kann auch nicht in das Bitcoin-Protokoll eingreifen und die Anzahl der neu generierten Einheiten pro Block verändern oder außerhalb der Blöcke Bitcoin generieren und an sich selbst schicken.

Eine erfolgreiche 51-Prozent-Attacke ermöglicht zwar nicht die vollständige Änderung des Bitcoin-Protokolls, hätte aber dennoch schwerwiegende Auswirkungen auf das gesamte Netzwerk. Aufgrund der stark gestiegenen Nutzerzahlen und der umfangreicheren Rechenkapazität des Netzwerkes seit 2011 wurde eine 51-Prozent-Attacke immer schwieriger und kostspieliger. Einzelne Personen müssten mittlerweile Summen im zwei- oder dreistelligen Millionenbereich in Hardware investieren, um eine 51-Prozent-Attacke durchführen zu können. Dies ist relativ unwahrscheinlich geworden, gleichzeitig ist durch die Mining-Pools eine neue Quelle für derartige Angriffe entstanden. In den Mining Pools schließen sich viele Nutzer zusammen, um gemeinsam am Prozess der Bitcoin-Erzeugung teilzunehmen.

In den letzten Jahren gab es ein Gleichgewicht zwischen mehreren größeren Mining Pools, die jeweils 10 bis 20 Prozent der Rechenkapazität des Netzwerkes kontrollierten. Mit dem Start von Ghash Mitte 2013 änderte sich dies. Der Pool war aufgrund seiner Konzeption als Cloud-Mining-Pool, der auch Anwendern ohne Hardwarekenntnisse den Erwerb von Rechenkapazität ermöglichte sowie einer Null-Prozent-Gebühr sehr erfolgreich. Er zog ständig neue Nutzer an und hatte im Januar 2014 einen Anteil von 42 Prozent an der gesamten Rechenkapazität. Zu diesem Zeitpunkt gab es innerhalb der Bitcoin-Gemeinschaft bereits erste Warnungen, Ghash nicht mehr zu benutzen, um das Überschreiten der 50-Prozent-Schwelle zu verhindern. Auch der Pool selbst reagierte und sperrte kurzfristig den Zugang für externe Mining-Hardware. Zudem wurde in der Pool-Software die Option installiert, die Rechenkapazität aus Ghash heraus auch anderen Mining-Pools zur Verfügung zu stellen. Die Maßnahmen zeigten Wirkung und der Anteil von Ghash ging auf etwa 33 Prozent zurück. Auch in den Folgemonaten kam Ghash immer wieder an die Grenze von 51 Prozent. Kurzzeitig wurde sie sogar überschritten. Das hatte bisher aber keine Auswirkungen, da die Nutzer sehr schnell reagierten und Rechenleistung vom Pool abzogen. Mittlerweile wurde die drohende Dominanz von Ghash durch den chinesischen Mining Pool Discus Fish (https://www.f2pool.com) relativiert, der innerhalb kurzer Zeit über 20 Prozent der Miningkapazität erreicht hat.

Es gibt durchaus Personen oder Gruppen, die bereits erfolgreiche 51-Prozent-Attacken durchgeführt haben, allerdings nicht auf Bitcoin. Im Juni 2013 wurde eine auf dem Bitcoin-Protokoll basierende Alternativwährung, Feathercoin, Opfer eines 51-Prozent-Angriffs. Die Marktkapitalisierung der Währung betrug zu dem Zeitpunkt aber nur ungefähr 700.000 US-Dollar und dementsprechend gering war auch der notwendige

Rechenaufwand. Auch einige andere Kryptowährungen wurden bereits Opfer einer oder mehrerer erfolgreicher Attacken.

Die Gelegenheit für eine 51-Prozent-Attacke auf Bitcoin bot sich zu Beginn des Systems, als die Rechenleistung noch gering war. Danach schien die Gefahr aufgrund der Größe des Netzwerkes und der stark gestiegenen Rechenkapazität gebannt. Mit dem Aufkommen erfolgreicher Mining-Pools, die aufgrund attraktiver Konditionen viele Nutzer anziehen, steigt auch die Gefahr einer erfolgreichen Attacke wieder. Solange die Poolbetreiber verantwortungsvoll handeln und entsprechenden Maßnahmen zur Gegensteuerung ergreifen, wird eine 51-Prozent-Attacke verhindert werden. Ob dieses Verantwortungsbewusstsein bei allen Poolbetreibern auch in Zukunft vorhanden sein wird, kann jedoch nicht garantiert werden.

Spekulationsrisiko

Bei dem kleinen Bitcoin-Markt mit relativ wenigen Marktteilnehmern ist Liquidität ein Problem. Nicht immer gibt es genügend Käufer und Verkäufer von Bitcoin, um einen Austausch zu ermöglichen. Zudem gibt es nach der Insolvenz von Mt.Gox mehrere Handelsplattformen, die den ohnehin schon kleinen Bitcoin-Markt noch weiter fragmentieren. Dies erschwert den Transfer von Guthaben in andere Währungen und umgekehrt. Gleichzeitig ist die Gefahr von heftigen Kursausschlägen nach oben und unten gegeben. Der Bitcoin-Kurs ist sehr volatil und Schwankungen von 10 Prozent und mehr am Tag sind durchaus normal. Auch Spekulationsblasen können sich bilden.

2011 gab es die erste Spekulationsblase, als der Kurs Mitte des Jahres auf fast 32 US-Dollar hochschnellte, um dann im November wieder auf 2 Dollar zu fallen. Von September 2012 bis April 2013 gab es eine ähnliche Entwicklung. Ein langsamer Anstieg des Kurses setzte ein, der sich zu Beginn des Jahres 2013 beschleunigte. In zahlreichen Medienberichten wurde verstärkt über Bitcoin berichtet, nicht zuletzt auch im Zusammenhang mit der Bankenkrise in Zypern. Bitcoin wurde als Alternative angesehen, um Guthaben auch während einer Krise mit erzwungenen Bankenschließungen retten zu können. Infolge des gestiegenen öffentlichen Interesses setzte sich der Anstieg beinahe ohne Kursrückschläge fort und erreichte am 28. Februar 2013 wieder seinen alten Höchststand vom Juni 2011. Am 6. März 2013 stand der Kurs bereits bei 48 Dollar und Ende des Monats, am 28. März, hatte der Kurs 94 Dollar erreicht. Am 10. April 2013 erreichte er schließlich ein neues Hoch bei 266 Dollar. An diesem Tag brach die damals für den Bitcoin noch bedeutendste Handelsplattform Mt.Gox zusammen. Als der Handel dort wieder möglich war, brach der Kurs innerhalb weniger Tage auf 55 Dollar ein, um sich dann im Bereich von 100 bis 120 Dollar zu stabilisieren.

Von Oktober 2013 an gab es erneut eine rasante Kursbeschleunigung, angefeuert durch eine verstärkte Nachfrage aus China. Der Kurs stieg sprunghaft an und erreichte schließlich am 29. November 2013 mit 1.242 US-Dollar ein neues Allzeithoch. Auf Grund diverser Regulierungen in China und eines angeblichen Problems bei Bitcoin-Transaktionen bei der Handelsbörse Mt.Gox, die kurzzeitig jegliche Bitcoin-Abhebungen sperrte, sank der Kurs bis zum Februar 2014 wieder auf 600 Dollar. Ende Februar 2014 erfolgte ein Absturz auf unter 400 Dollar. Grund dafür war die Insolvenz der einst größten Bitcoin-Handelsbörse Mt.Gox. Seitdem bewegt sich der Kurs in einer Spanne zwischen 400 und 700 Dollar, wobei jederzeit ein Ausbruch nach oben oder unten erfolgen kann.

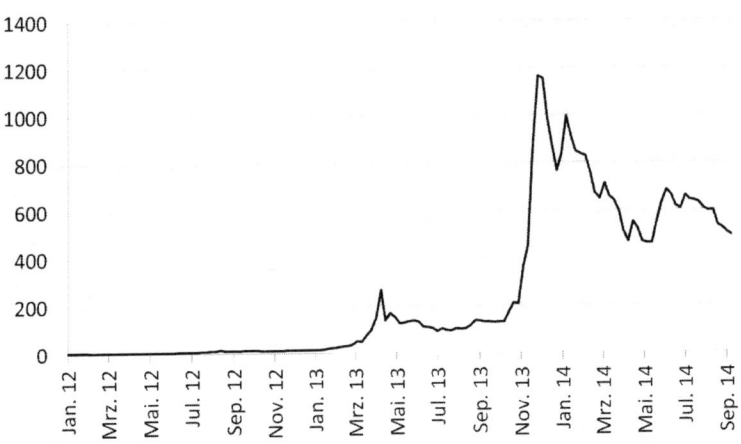

Bitcoin-Kurs in Dollar seit 2012

Quelle: Eigene Darstellung basierend auf Daten von http://bitcoincharts.com.

Die Kursentwicklung zeigt deutlich, dass Bitcoin extremen Schwankungen unterliegt und sehr stark auf einzelne Meldungen reagiert. Eine Investition ist dadurch sehr spekulativ. Für diejenigen, die früh in Bitcoin investiert haben, hat sich das Risiko bereits gelohnt. Für alle, die erst in der Nähe des Höchstkurses bei 900 Euro eingestiegen sind, erweist sich das Investment momentan als Fehlschlag. Die hohe Volatilität von Bitcoin steht der Funktion als Zahlungsmittel entgegen. Wenn sich ein Bitcoin über Nacht im Wert verdoppeln oder aber halbieren kann, ist dies für Käufer und Verkäufer keine solide Kalkulationsgrundlage. Für die Funktion als verlässlicher Wertspeicher sind solche Schwankungen ebenfalls nicht förderlich.

Deflationsrisiko

Ein Risiko besteht in der Begrenzung des Bitcoin-Systems auf insgesamt 21 Millionen Stück, die bis zum Jahr 2040 fast komplett errechnet sein werden. Der letzte Satoshi wird zwar erst 2140 erzeugt sein, aber ein Großteil der Gesamtmenge wird in den kommenden Jahren generiert werden. Nach der Schaffung des letzten Bitcoin können keine neuen Einheiten mehr erzeugt werden und es gibt auch keine Zentralbank, die sie erschaffen könnte. Allerdings sind Bitcoin auf die achte Nachkommastelle teilbar, denn jeder Bitcoin besteht aus 100.000.000 Satoshi, der kleinsten Recheneinheit im Bitcoin-System. Bei 21 Millionen Bitcoin stehen damit insgesamt 2.100.000.000.000.000 Einheiten zur Verfügung. Bei einer geschätzten Weltbevölkerung von ungefähr sieben Milliarden kann jeder Mensch über 300.000 Satoshi verfügen. Sollte diese Menge nicht mehr ausreichen, kann die Kommastelle im System von den Entwicklern weiter versetzt werden, um eine noch kleinere Stückelung zu ermöglichen. Damit wird aber lediglich die vorhandene Gesamtmenge weiter unterteilt, eine Ausweitung der Menge über 21 Millionen Bitcoin hinaus ist nicht möglich.

Wenn jedoch immer mehr Teilnehmer das Bitcoin-System nutzen, die Menge an Bitcoin aber gleich bleibt, steigt deren Wert. Dies kann zu einer Deflation führen, denn die Bitcoin-Besitzer werden nicht bereit sein, ihre Bitcoin gegen andere Währungen oder Waren einzutauschen, da sie auf einen weiter steigenden Wert in der Zukunft und damit auf sinkende Preise der anderen Waren hoffen. Dadurch würde eine deflationäre Spirale in Gang gesetzt werden.

Bei einer Deflation sinkt das allgemeine Preisniveau über einen längeren Zeitraum. Verbraucher und Unternehmen halten sich mit ihren Anschaffungen zurück, da sie damit rechnen, dass die Preise in Zukunft weiter zurückgehen werden und sie die Waren später noch preiswerter erwerben können. Unternehmen reagieren auf die sinkende Nachfrage mit Preissenkungen und Produktionseinschränkungen. Diese Einschränkungen führen wiederum zu Entlassungen, was die Nachfrage der Verbraucher weiter zurückgehen lässt. Die Spirale von Produktions- und Nachfragerückgängen wird durch die abwartende Haltung der Verbraucher in der Hoffnung auf niedrigere Preise in der Zukunft erneut verstärkt.

Letztendlich endet eine Deflationsspirale in einer wirtschaftlichen Depression, deshalb ist nach Ansicht vieler Ökonomen eine Deflation für eine Volkswirtschaft gefährlicher als eine Inflation. Während die Inflation mit höheren Leitzinsen bekämpft werden kann, sind bei der Deflation Zinssenkungen angebracht, um mit dem „billigen Geld" die Nachfrage anzukurbeln. Der Leitzins kann jedoch minimal auf null Prozent gesenkt werden. Wenn diese Grenze erreicht ist, muss die Zentralbank andere geldpolitische Maßnahmen ergreifen, um Liquidität in die Wirtschaft zu pumpen. So verkündete die EZB im Juni 2014 erstmals einen negativen Zins für Banken, die Geld bei der EZB parken. Statt Zinsen für das überschüssige Geld zu bekommen, das sie bei der EZB parken, zahlen Banken eine Art Strafzins in Höhe von derzeit minus 0,2 Prozent. Dadurch sollen die Banken animiert werden, das Geld als Kredit an Unternehmen zu verleihen.

Da Bitcoin nicht auf ein Land beschränkt ist, sondern global gehandelt werden kann, ist noch nicht klar, ob das deflationäre Szenario im Bitcoin-System vergleichbar ist mit der Deflation einer nationalen Währung und deren negativen Auswirkungen auf die Ökonomie eines einzelnen Landes. Es gibt schlicht keine Bitcoin-Zentralbank, die geldpolitische Maßnahmen zur Stabilisierung des Systems ergreifen kann.

In der Studie „Quantitative Analysis of the Full Bitcoin Transaction Graph" fanden Dorit Ron und Adi Shami heraus, dass etwa 78 Prozent aller Bitcoin nicht für den Handel genutzt werden (Vgl. http://eprint.iacr.org/ 2012/584.pdf). Die beiden Forscher analysierten die Block Chain und stellten fest, dass viele Adressen zwar Bitcoin empfangen, aber von diesen Adressen dann keine Bitcoin mehr gesendet werden. Von den bei Erstellung der Studie existierenden 11,2 Millionen Bitcoin wurden also über acht Millionen als Sparguthaben gespeichert. Da die digitale Währung, genauso wie Gold, keine Zinsen abwirft, kann dies nur bedeuten, dass die Bitcoin in der Hoffnung auf eine zukünftige Wertsteigerung gespeichert werden oder als Schutz gegen den drohenden Wertverlust der bestehenden Fiat-Währungen durch Inflation.

Angesichts der rasanten Wertsteigerung von Bitcoin in den letzten Jahren besteht die Gefahr, dass viele Nutzer ihr Guthaben in der Hoffnung auf zukünftige Wertzuwächse zurückhalten und es nicht ausgeben. Da Bitcoin in der Realwirtschaft noch keine breite Akzeptanz genießt, würden durch diese Zurückhaltung die Preise der Güter in Bitcoin nicht unbedingt steigen. Vielmehr würde sich Bitcoin als Zahlungsmittel nicht durchsetzen können, da das System kaum jemand akzeptiert. Eine wesentliche Funktion des Geldes als Tausch- und Zahlungsmittel könnte Bitcoin dadurch nicht erfüllen.

Die Chancen des Bitcoin-Systems

Wertsteigerungschance

Als Anlage- und Investitionsmedium gewinnt Bitcoin zunehmend an Bedeutung, vor allem in Zeiten der Eurokrise. Neben dem chinesischen Renminbi und dem US-Dollar ist der Euro die wichtigste Bitcoin-Handelswährung. Ähnlich wie Gold wird Bitcoin derzeit als Wertspeicher und nicht für den Handel genutzt. Vermögen wird in Form von Bitcoin gespeichert, um gegen staatliche Zugriffe, wie bei der Zwangsbeteiligung der Sparer während der Zypernkrise zu Beginn des Jahres 2013, geschützt zu sein. Die Inselrepublik war aufgrund der engen Verflechtungen mit dem griechischen Bankensystem in eine finanzielle Schieflage geraten und benötigte Anfang 2013 dringend Hilfsgelder der EU, um einen Staatsbankrott abzuwenden. Da Zypern aber durch seine niedrigen Kapitalsteuern auch für ausländisches Kapital beliebt war und sich hauptsächlich auf dieses Geschäftsmodell verlassen hatte, wollte die EU Hilfsgelder nicht ohne zyprische Beteiligung auszahlen. Durch letztlich die ausgehandelten Restrukturierungsmaßnahmen wurden Einlagen in der Bank of Cyprus von über 100.000 Euro eingefroren, um sie später an den Kosten der Rettungsmaßnahmen zu beteiligen. Damit wurden erstmals in der Geschichte des Euro Spareinlagen direkt zur Beseitigung der Folgen der Finanzkrise herangezogen.

Bitcoin wird zunehmend auch von den traditionellen Finanzinstitutionen als Anlageform erkannt. Die Zwillinge Cameron und Tyler Winklevoss, die durch ihren Streit mit Facebook-Gründer Mark Zuckerberg, den sie wegen geistigen Diebstahls verklagt hatten, international bekannt wurden, wollen einen Investmentfonds für Bitcoin schaffen. Dazu haben sie bereits einen eigenen Börsenindex für Bitcoin konzipiert. Der Winklevoss Index – kurz Winkdex – soll den Wert von Bitcoin repräsentieren und als Basis für den Winklevoss Bitcoin Trust dienen, den die beiden Risikokapitalgeber an die Börse bringen wollen. Das Volumen des Fonds soll bei 20 Millionen Dollar liegen und jeder Anteilsschein soll einen Nennwert von 20 Dollar und einen entsprechenden Bitcoin-Wert besitzen. Der Winklevoss Bitcoin Tust ist als sogenannter Exchange Traded Fund (ETF) konzipiert und benötigt deshalb die Zustimmung der amerikanischen Börsenaufsicht. Aufgrund der komplizierten Thematik prüfen die Behörden den ETF schon längere Zeit.

Einen Schritt weiter ist der Bitcoin Investment Trust (BIT) des Handelsplattformbetreibers Barry Silbert. Der BIT ist als privater Fonds konzipiert und konnte deshalb schneller genehmigt werden. Er steht nur Investoren offen, die mindestens 25.000 US-Dollar anlegen und mindestens 200.000 Dollar Einnahmen pro Jahr sowie ein Vermögen von über einer Million Dollar haben. Trotz dieser Hürden und der relativ hohen Verwaltungsgebühr von zwei Prozent konnte der BIT bis Ende Juli 2014 rund 70 Millionen Dollar Kapital einsammeln. Damit kann der Fonds ungefähr ein Prozent aller im Umlauf befindlichen Bitcoin verwalten. Es ist geplant, den BIT Ende 2014 in einen öffentlich handelbaren Fonds umwandeln.

Durch diese Finanzinstrumente ist auch die indirekte Anlage in Bitcoin möglich, wodurch sich die Attraktivität steigert und die digitale Währung auch weniger technikaffinen Menschen zugänglich gemacht wird. Gleichzeitig erhöht sich dadurch die Akzeptanz des Bitcoin-Systems, was auch die Attraktivität für weitere Nutzerkreise steigert.

Gab es zu Beginn der Bitcoin-Währung nur den US-Dollar als Referenzkurs, so ist bei vielen Börsen eine Ausweitung der Wechselkurse festzustellen. Mittlerweile gibt es Kurse für US-Dollar, Britisches Pfund, Euro, Chinesische Renminbi, Indische Rupien, Brasilianische Real, Mexikanische Peso, Japanische Yen, Schweizer Franken, Norwegische Kronen, Russische Rubel und viele weitere. Bitcoin ist also in fast alle gängigen Währungen wechselbar und kann auch als Wertspeicher benutzt werden, wenn der direkte Wechselkurs zwischen zwei Währungen momentan ungünstig erscheint. Wenn sich die hohe Volatilität im Bitcoin-Kurs legt und Käufer und Verkäufer mit stabilen Kursen kalkulieren können, ohne befürchten zu müssen, über Nacht extremen Schwankungen in der Höhe ihres Vermögens ausgesetzt zu sein, bestehen gute Chancen, dass sich die Währung als Zahlungsmittel im Internet etablieren kann.

Dezentralitätschance

Im Gegensatz zu den Fiat-Währungen, die jeweils über eine zentrale Notenbank gesteuert werden, gibt es keine Bitcoin-Zentralbank. Dies ist ein Vorteil, denn alle Zentralbanken verfolgen neben der reinen Geldverwaltung auch andere Ziele. So hat die amerikanische Zentralbank, die Fed, einen hohen Beschäftigungsstand, Preisniveaustabilität und moderate langfristige Zinsen zum Ziel. Die Europäische Zentralbank hat die allgemeine Preisstabilität und die Unterstützung der Wirtschaftspolitik der Europäischen Gemeinschaft als Zielvorgaben. Die Verfolgung dieser Ziele schließt nicht aus, dass die ursprünglichen Aufgaben der Zentralbanken, das Halten der Währungsreserve und die Funktion als Bank der Banken und der öffentlichen Hand sowie die Herausgabe von Scheinen und Münzen, vernachlässigt oder der Erreichung der Ziele untergeordnet werden.

Durch die Dezentralität ist das Bitcoin-Netzwerk besser gegen Angriffe geschützt. Es gibt zwar immer wieder Attacken gegen einzelne Handelsplätze und Börsen, aber das Bitcoin-Netzwerk an sich kann durch einen Hackerangriff nicht außer Funktion gesetzt werden, da es keinen zentralen Server gibt, der attackiert werden kann. Da sich das Netzwerk aus mehreren hunderttausend Rechnern der Nutzer zusammensetzt, die weltweit verteilt sind, ist ein koordinierter Angriff sehr schwierig; mit der wachsenden Zahl der Nutzer würde er zudem immer schwieriger werden.

Die Zahl der Bitcoin-Nutzer wächst ständig und damit nimmt die Dezentralität stetig zu. Allein von der Client-Software bitcoin-qt wurden vom 1. September 2012 bis 31. August 2014 insgesamt 3.916.539 Stück heruntergeladen, wobei sich in einigen Ländern besondere Schwerpunkte herausbilden:

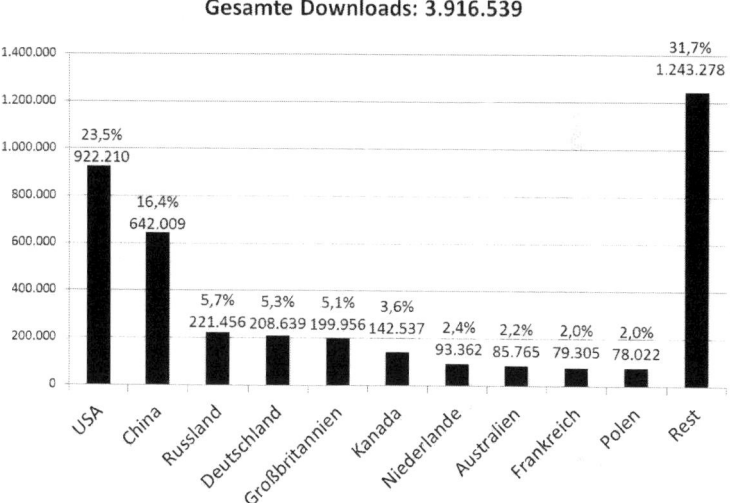

Downloads von bitcoin-qt vom 01.09.2012 – 31.08.2014
Quelle: Eigene Darstellung basierend auf den Daten von http://sourceforge.net/projects/bitcoin.

Neben dem „Ursprungsland" von Bitcoin, den USA, holt China trotz Einschränkungen des Handels durch die Zentralbank, auf. Mit Russland, Deutschland und Großbritannien bildet sich ein stabiles Mittelfeld mit einer breiten Nutzerbasis heraus. Die Verteilung in den weiteren Ländern zeigt, dass Bitcoin ein globales Phänomen ist, das nicht auf einen bestimmten Kontinent beschränkt ist.

133

Die hier genannten Zahlen beziehen sich nur auf den Client bitcoin-qt, der von der Entwicklungsseite heruntergeladen wurde. Insgesamt liegt die Nutzerzahl wesentlich höher, da es noch weitere Downloadquellen sowie weitere Clients gibt, die ebenfalls weltweit genutzt werden.

Die Dezentralität trägt auch zur Sicherheit bei, denn das Bitcoin-System existiert seit 2009 und bisher konnte es noch nicht gehackt werden. Die einzige bekannte Sicherheitslücke im System wurde im August 2010 sehr schnell erkannt und geschlossen. Alle weiteren Angriffe fanden nicht mehr gegen das System selbst statt. Dafür gerieten die Tauschbörsen ins Visier der Angreifer. Attacken auf die Plattformen beeinträchtigen die Möglichkeit, Bitcoin zu kaufen und zu verkaufen. Gleichzeitig zeigt der Fokus der Hackerangriffe, wo das schwächste Glied der Bitcoin-Kette ist. Es wird nicht das System angegriffen, sondern die Handelsplattformen. Hier besteht bei den Plattformbetreibern Handlungsbedarf zur Verbesserung der Sicherheit.

In Zeiten des „gläsernen Bürgers" und der zunehmenden Überwachung sämtlicher Aktivitäten stellt die weitgehende Anonymität einer dezentralen Bitcoin-Transaktion einen Vorteil dar, der die zukünftige Verbreitung fördern kann. Im Gegensatz zu Bankkonten, die weder anonym noch vor dem Zugriff der staatlichen Behörden geschützt sind, sind die Wallets der Bitcoin-Clients nur dem jeweiligen Besitzer zugänglich. Auch der anonyme Transfer größerer Summen über Ländergrenzen hinweg ist denkbar. Dies ist in Zeiten zunehmender grenzübergreifender Kontrollen der Staaten zur Aufdeckung von Kapitalströmen eine interessante Option. Am 24. März 2014 hat sich der Rat der EU auf eine Überarbeitung der EU-Zinsrichtlinie geeinigt. Bislang wurden nur Zinserträge gemeldet, aber zukünftig sollen auch Dividenden, Kapitalerträge, anderweitige Finanzeinkommen und Kontenguthaben zwischen den Finanzbehörden ausgetauscht werden. Auch Erträge aus Investmentfonds und Leistungen aus Lebensversicherungsverträgen sollen künftig erfasst werden. Damit ist das Bankgeheimnis innerhalb der EU so gut wie aufgehoben. Die EU folgt damit dem Beispiel der USA. Die amerikanischen Finanzbehörden haben bereits die Herausgabe der Kontodaten von US-Bürgern bei ausländischen Banken durchgesetzt.

Mit Bitcoin steht ein Transfermittel zur Verfügung, das es ermöglicht, anonym größere Summen ins Ausland zu transferieren. Ohne Probleme gelangen Bitcoin-Guthaben auf einem Smartphone oder USB-Stick durch jede Zoll- oder Devisenkontrolle und können an einem anderen Ort wieder in reale Währungen zurückgetauscht werden. Bei besonders strengen Kontrollen ist noch nicht einmal ein elektronisches Speichermedium für den Transfer notwendig. Der private Schlüssel einer Bitcoin-Adresse lässt sich ausdrucken oder – ein gutes Gedächtnis vorausgesetzt – auch auswendig lernen und an jedem Computer mit Internetzugang wieder in die digitale Währung umwandeln.

Marktchance

Niemand war am Anfang bereit, etwas gegen Bitcoin einzutauschen oder etwas für Bitcoin zu tun. Nachdem der Bitcoin-Entwickler Satoshi Nakamoto seinen ersten Tauschpartner gefunden hatte, entstand ein Markt, und seitdem wächst dieser Markt mit jeder Transaktion und jedem Nutzer. Die Gefahr der zu geringen Akzeptanz und des Nischenprojektes ist noch lange nicht eingedämmt, aber das wachsende Interesse an Bitcoin und die steigende Anzahl an Transaktionen lassen diese Gefahr täglich kleiner werden. Einen großen Sprung bei der Verbreitung machte die Währung am 15. November 2012, als die Website Wordpress (https://wordpress.com) ankündigte, zukünftig auch Bitcoin als Zahlungsmittel zu akzeptieren. Wordpress ist mit rund 60 Millionen Websites eine der größten Hostingseiten für Blogs. Dies ist ein Zeichen dafür, dass sich die Akzeptanz und der Markt für Bitcoin vergrößert. Anfang 2014 begann die große amerikanische Einzelhandelsplattform Overstock (http://www.overstock.com) Bitcoin zu akzeptieren und verzeichnet seitdem Umsätze mit der digitalen Währung im Gegenwert von mehreren zehntausend Dollar pro Tag. Im Juli 2014 wurden auch im amerikanischen Webshop des Computerhändlers Dell Bitcoin akzeptiert. Kurz darauf wurde bereits eine Bestellung mehrerer Server im Wert von 50.000 US-Dollar mit Bitcoin bezahlt.

Eines der ersten Produkte, das mit der digitalen Währung gekauft werden konnte, war kein digitales, sondern ein reales

Produkt. Bereits Anfang 2011 bot ein amerikanisches Unternehmen Socken aus Alpakawolle zum Kauf gegen Bitcoin an (http://www.grasshillalpacas.com). Seitdem ist das aus Südamerika stammende Kamel zu einem der Maskottchen für Bitcoin geworden. Mittlerweile gibt es jedoch eine breite Palette an Geschäften, die Bitcoin akzeptieren. Hauptsächlich werden Online-Dienste angeboten, wie Webdesign, Grafikgestaltung und Webhosting. Aber auch Software, Bücher, Blumen, Kleidung, Spielzeug, Handwerks- und Beratungsdienstleistungen lassen sich mit Bitcoin kaufen. Der Bitcoin-Markt ist sehr jung und dynamisch, aber trotz diverser Rückschläge kann mit der Zeit ein Wirtschaftssystem um Bitcoin entstehen.

Eine detaillierte Liste mit Anbietern verschiedenster Waren und Dienstleistungen vor allem im deutschsprachigen Raum findet sich unter https://de.bitcoin.it/wiki/Handel. Im internationalen Bereich gibt es bereits wesentlich mehr Händler und Shops, die Bitcoin akzeptieren. Eine ausführliche Liste findet sich unter https://en.bitcoin.it/wiki/Trade. Trotz der vielfältigen Shops und Händler, die Bitcoin annehmen, ist die Währung noch weit davon entfernt, breit akzeptiert zu sein. Die meisten Geschäfte mit Bitcoin werden online abgewickelt, der Handel in der realen Welt ist noch selten. Dennoch gibt es auch in Deutschland, genauer in Berlin bereits Bars und sowie weitere Einzelhandelsgeschäfte, die Bitcoin als Zahlungsmittel akzeptieren. Für die Nutzung von Bitcoin in einem Geschäft vor Ort ist natürlich ein Smartphone Voraussetzung.

Im Gegensatz zu regulären Zahlungsmitteln, wie etwa Lastschriften oder anderen im Onlinebereich verbreiteten Zahlungsmethoden, wie Kreditkarten oder PayPal, können Bitcoin-Zahlungen nicht rückgängig gemacht werden. Wenn das Netzwerk den Transfer bestätigt hat, gibt es keine Möglichkeit der Rückabwicklung mehr, es sei denn, der Empfänger sendet die Bitcoin in einer neuen Transaktion wieder zurück. Für den Käufer ist dies ein Nachteil, aber für den Verkäufer im Onlinehandel stellt dies einen großen Vorteil dar, denn neben den sehr geringen Transaktionskosten besteht für Verkäufer kein Ausfallrisiko. Das Risiko verlagert sich hin zum Käufer. Für ihn besteht ein höheres Ausfallrisiko, da er bei Vorauszahlung der Ware und anschließender Nichtlieferung keine unmittelbare Möglichkeit hat, sein Geld zurückzubekommen. Bewertungssystemen kommt dadurch eine stärkere Bedeutung zu, da sie Rückschlüsse auf die Vertrauenswürdigkeit eines Verkäufers zulassen. Das bei vielen Anbietern bereits im Angebotspreis einkalkulierte Ausfallrisiko kann durch die verbreitete Zahlung mit Bitcoin entfallen und für den Käufer zu sinkenden Preisen führen.

Bitcoin gewinnt zunehmend auch das Interesse von Investoren auf der Suche nach neuen Geschäftsideen. Viele Startup-Unternehmen aus dem Bitcoin-Sektor werden momentan von Investoren mit Risikokapital verstärkt nachgefragt. Dies sind Anzeichen, dass der neuen Technologie ernsthafte Chancen auf eine weitere Ausbreitung eingeräumt werden.

Kostenchance

Grundsätzlich sind die Bitcoin-Transaktionen kostenlos. Es gibt nur freiwillige Gebühren, um die Bestätigung der Transaktion im Netzwerk zu beschleunigen. Durch die Geschwindigkeit und die geringen Kosten tritt Bitcoin dadurch in Konkurrenz zu etablierten Bezahlsystemen, vor allem im internationalen Zahlungsverkehr. Aufgrund der Geschwindigkeit bei der Übertragung ist die digitale Währung Systemen, wie SWIFT- oder SEPA-Überweisungen, überlegen und wegen der nicht oder nur geringen Transaktionskosten tritt sie in Konkurrenz zu PayPal- und Kreditkartenzahlungen.

Allein die Betreiberfirmen von American Express, Visa und MasterCard machen zusammen pro Jahr etwa 48 Milliarden US-Dollar Umsatz. Bei Kreditkartenzahlungen müssen Händler bis zu drei Prozent vom Umsatz als Gebühren bezahlen; bei EC-Kartenzahlungen sind es bis zu 0,3 Prozent. Nimmt man die Kosten für die anderen Bezahlsysteme und auch die Gebühren für Überweisungen von Girokonten hinzu, so ergeben sich riesige Summen, die jährlich eingespart werden könnten, wenn für den Transfer Bitcoin eingesetzt würden. Außerdem sind die Bitcoin-Transaktionen sehr schnell, denn in der Regel sind die Bitcoin innerhalb von wenigen Minuten beim Empfänger. Dies kann die Zahlung mit Bitcoin zukünftig zu einer Alternative werden lassen, vor allem im Internet und bei kleineren Beträgen, bei denen sonst zu hohe Gebühren entstehen würden.

Für die Bezahlung von Bitcoin wird nur ein Computer, Smartphone oder Tablet sowie eine Internetverbindung benötigt. Dies eröffnet ein enormes Potential in Ländern mit schwacher Infrastruktur. In vielen Schwellen- und Entwicklungsländern ist das Bankensystem noch nicht flächendeckend ausgebaut. Viele Menschen verfügen zwar über ein Handy oder Smartphone, aber über kein Bankkonto. Hier bietet sich mit Bitcoin ein kostengünstiges und schnelles Zahlungssystem für strukturschwache Regionen und Länder an.

Im Bereich des Mikropayment ergeben sich durch Bitcoin neue Geschäftsmodelle. Denkbar ist eine Kombination mit dem aktuell boomenden Crowdfunding. Dabei handelt es sich um eine Methode der Geldbeschaffung, die Produkte und Dienstleistungen durch Eigenkapital, zumeist in Form von stillen Beteiligungen, ermöglicht. Die Kapitalgeber setzen sich aus einer Vielzahl von Personen zusammen, die sich über eine Plattform im Internet zur Finanzierung eines gemeinsamen Projektes koordinieren. Dank der Bitcoin-Währung und ihrer geringen Transaktionskosten wird der Einstieg in das Crowdfunding bereits mit sehr geringen Beträgen möglich. Da es für das Versenden von Bitcoin keine Beschränkungen gibt, erweitert sich der Kreis potentieller Kapitalgeber auf die gesamte Welt.

Auch im Spendenbereich bietet Bitcoin Kostenvorteile. Einige Organisationen nehmen mittlerweile auch Spenden in Bitcoin entgegen (https://de.bitcoin.it/wiki/Spenden). Gerade im Bereich der Mikrospenden zeigt sich der Vorteil der kostenlosen Übertragung der Bitcoin. Eine Mikrospende von 10 Cent macht bei den traditionellen Bezahlsystemen, wie einer Überweisung, keinen Sinn, da die Gebühren viel zu hoch wären. Im Bitcoin-System ist die Transaktion kostenlos und selbst Spenden von nur 0,00000001 BTC kommen beim Empfänger an. Ende Juli 2014 kündigte Wikimedia, die Betreiberorganisation der bekannten Online-Enzyklopädie Wikipedia, an, Spenden zukünftig auch in Bitcoin zu akzeptieren, da dies viele Nutzer gewünscht hätten. Die Ankündigung zeigte Wirkung, denn innerhalb von einer Woche sind rund 237 Bitcoin im Wert von 140.000 US-Dollar gespendet worden.

Damit Bitcoin als Zahlungssystem mit keinen oder nur geringen Transaktionskosten funktioniert, muss die Währung allgemein akzeptiert werden, nicht nur beim Sender und Empfänger einer Transaktion, sondern auch im Alltag. Wenn jemand, der keine Bitcoin hat, Bitcoin verschicken will, muss er sie erst gegen eine andere Währung eintauschen. Wenn der Empfänger der Bitcoin dann etwas anderes kaufen möchte und Bitcoin bei seinem Händler nicht akzeptiert werden, muss er sie zuerst wieder in eine andere Währung zurücktauschen. Die Transaktion der Bitcoin ist zwar immer noch kostenlos oder mit freiwilligen Gebühren möglich, allerdings entstehen durch den Tausch in eine andere Währung aufseiten des Senders und des Empfängers Kosten, die sich durchaus mit denen anderer Bezahlsysteme vergleichen lassen.

Bitcoins Gegenwart und Zukunft

Ein Grund, warum sich Bitcoin trotz der zahlreichen Risiken so rasch verbreiten konnte, ist das Misstrauen vieler Menschen gegenüber dem bestehenden Finanzsystem. Die völlige Freiheit von staatlicher Kontrolle und die Unabhängigkeit von Banken lässt Bitcoin als attraktive Alternative zu den existierenden Banken- und Währungssystemen erscheinen. Dabei handelt es sich nicht um ein lokal begrenztes Phänomen. Das Misstrauen und die Unzufriedenheit mit den bestehenden Finanzsystemen finden sich weltweit. Auch das ist ein Grund, warum sich ein dezentrales Geldsystem, das nur über das Internet funktioniert, so schnell ausbreiten kann.

Das Bitcoin-System ist zweifellos komplex. Die technischen Feinheiten des Bitcoin-Systems sind kompliziert, aber auch die Details etablierter Währungen, wie des Euro oder Dollar, sind nicht auf den ersten Blick erfassbar und trotzdem werden sie täglich milliardenfach benutzt. Im Gegensatz zu vielen Währungen ist Bitcoin frei zugänglich und die Software ist leicht zu bedienen, auch wenn die Systematik dahinter nicht auf den ersten Blick verständlich ist. Bitcoin steht in Konkurrenz zu traditionellen Fiat-Währungen, aber ebenso zu Wertspeichern wie etwa Gold. Ein Vergleich der gängigsten Eigenschaften mit den bereits erwähnten Fiat-Währungen sowie Gold zeigt, dass Bitcoin gut abschneidet.

	Gold	Währung	Bitcoin
Tausch- und Zahlungsmittel	0	+	−
Recheneinheit	0	+	+
Wertaufbewahrung	+	0	-
Sicherheit	+	+	0
Übertragbarkeit	0	+	+
Kontrolle/Überwachung	+	−	+
Kosten/Gebühren	−	−	+

Als Tausch- und Zahlungsmittel ist Bitcoin noch sehr begrenzt einsetzbar. Die digitale Währung wird nicht, wie reguläre Währungen, überall akzeptiert. Gängige Währungen sind weit verbreitet und werden, wie der US-Dollar, weltweit akzeptiert. Auch Gold, das zwar keine offizielle Währung ist, findet wesentlich mehr Akzeptanz als Bitcoin.

Als Recheneinheit ist Bitcoin gut verwendbar, da jede Coin bis auf die achte Nachkommastelle in kleinere Einheiten teilbar ist. Somit ist es möglich noch mit 0,00000001 Bitcoin zu bezahlen. Auch die regulären Währungen sind mit ihren zwei üblicherweise genutzten Nachkommastellen als Recheneinheit gut geeignet. Gold ist dagegen weniger gut geeignet, da es zwar in Feinunzen von 31,1 Gramm gemessen wird und auch diese teilbar sind, aber nicht in ausreichender Feinheit. Kleinere gängige Stückelungen sind beispielsweise 1/20 Feinunze, was aber immer noch 1,555 Gramm Gold mit einem Gegenwert von ungefähr 50 Euro entspricht. Kleinere Zahlungen sind mit Gold nur schwer zu bewerkstelligen.

Zur Wertaufbewahrung in Krisenzeiten eignet sich Gold allerdings hervorragend, denn egal ob in der Antike, im Mittelalter oder in der Neuzeit, das Edelmetall besaß stets einen gewissen Wert. Fiat-Währungen eignen sich dagegen weniger zur Wertaufbewahrung. Da sie durch die Zentralbanken beliebig vermehrt werden können, schwindet ihr Wert permanent, was durch die jährlich steigende Inflationsrate belegt wird. Bitcoin existiert erst seit dem Jahr 2009. In diesem Zeitraum hat die digitale Währung die Funktion als Wertspeicher aber nicht erfüllt, da ihr Kurs zu stark schwankt. Eine Anlage zu Beginn der Entwicklung von Bitcoin hätte sich zwar vervielfacht, aber momentan mangelt es noch an ausreichenden Beweisen, dass sich eine Investition in Bitcoin in Zukunft als beständiger Wertspeicher ohne Kaufkraftverlust erweisen wird. Genauso wie Gold und Fiat-Währungen müssen auch Bitcoin nicht sofort wieder ausgegeben werden, sie können im Sinne eines Wertspeichers für später aufbewahrt werden.

Die Sicherheit von Bitcoin ist ambivalent zu sehen. Das System an sich ist zwar sehr gut gegen Angriffe und Fälschungen abgesichert, da es auf kryptografischen Verfahren beruht, aber viele Tauschbörsen sind Hackerangriffen ausgesetzt. Zudem besteht die Gefahr des Datenverlustes, da Bitcoin rein digital existiert. Bisher gibt es kein übergreifendes Sicherungssystem und bei der Insolvenz einer Handelsbörse sind auch alle dort gespeicherten Guthaben verloren wie das Beispiel von Mt.Gox zeigt. Fiat-Währungen sind weitgehend sicher. Es gibt Einlagensicherungsfonds zum Schutz der Guthaben und zahlreiche Regulierungsvorschriften, die den Schutz der Guthaben garantieren. Auch Gold ist sicher, da es im Gegensatz zu den Fiat-Währungen und Bitcoin einen intrinsischen Wert besitzt und niemals völlig wertlos sein wird.

Für eine leichte Übertragbarkeit ist Gold weniger gut geeignet. Physisches Gold lässt sich nur schwer übertragen, da der Transfer meist persönlich erfolgen muss. Fiat-Währungen hingegen lassen sich problemlos via Überweisung oder durch digitale Bezahlsysteme übertragen. Das gilt auch für Bitcoin, die sich ebenfalls weltweit schnell und problemlos online übertragen lassen.

Da es keine zentrale Kontrollinstanz für Bitcoin gibt, wird das System auch nicht überwacht. Transaktionen finden anonym statt. Das ist vergleichbar mit physischem Gold, das ebenfalls ohne staatliche Kontrolle zu Hause gelagert werden kann und bei Goldhändlern anonym ge- und verkauft werden kann, solange die Bestimmungen des Geldwäschegesetzes eingehalten werden. Bei Fiat-Währungen existiert – abgesehen von direkten Bargeldzahlungen – eine starke staatliche Kontrolle. Mittlerweile kann das Finanzamt Kontoabfragen durchführen, und auch international tauschen die Staaten immer mehr Vermögensdaten ihrer Bürger aus, um Steuerhinterziehung und andere illegale Aktivitäten zu verhindern.

Die Transaktionskosten von Gold sind relativ hoch. Ein Kauf oder Verkauf ist bei Händlern meist nur mit hohen Aufschlägen möglich. Außerdem verursacht die Lagerung von Gold Kosten, da entweder Gebühren für den Unterhalt eines Bankschließfachs anfallen oder zu Hause entsprechende Sicherheitsvorkehrungen getroffen werden müssen. Auch die Transaktionskosten bei Fiat-Währungen sind beachtlich. Angefangen bei den Gebühren für Überweisungen bis hin zu den Transaktionskosten von Kreditkartenzahlungen fallen etliche Kosten für den Geldverkehr an. Bitcoin hingegen können grundsätzlich kostenfrei übertragen werden. Auch die Bitcoin-Konten sind kostenlos, und es können beliebig viele angelegt werden.

Für ein Zahlungssystem, das erst wenige Jahre existiert, schneidet Bitcoin im Vergleich mit den traditionellen Fiat-Währungen und alternativen Wertspeichern, wie Gold, gut ab und weist vor allem bei den Transaktionskosten und der relativen Anonymität Vorteile auf. Momentan halten viele Nutzer Bitcoin als Spekulationsobjekt für zukünftige Wertsteigerung. Bitcoin kann zwar zukünftig noch stark im Wert steigen, aber dies kann unter großen Kursschwankungen nach oben oder unten passieren. Derzeit spielt der Ein- und Ausstieg eine wichtige Rolle, wodurch Bitcoin stark spekulativ ist. Die langfristigen Aussichten für Bitcoin sind durchaus positiv zu bewerten. Wenn das Bitcoin-System die Schwierigkeiten meistert, die sich aus den mangelnden Sicherheitsvorkehrungen einiger Handelsplattformen ergeben und sich der Kurs ohne große Schwankungen stabilisiert, kann die Akzeptanz der digitalen Währung auf breiter Basis steigen. Dennoch ist Bitcoin momentan eine Nischenentwicklung, die weltweit nur in einem kleinen Netzwerk verbreitet ist. Ohne eine breite öffentliche Diskussion über das Bitcoin-System wird es ein Nischenprojekt bleiben. Gleichwohl sind Diskussionen und Stellungnahmen bei einem dezentralen Netzwerk schwierig, da niemand die Legitimation besitzt, um für die Gesamtheit der Bitcoin-Nutzer zu sprechen.

Die größte Innovation von Bitcoin ist die Einführung eines alternativen Geldsystems, das durch einen Algorithmus gesteuert wird. Dadurch wird ein Zahlungssystem geschaffen, das frei von politischen Motiven und Einflussnahmen ist und das eine globale Verbreitung mit geringen Kosten ermöglicht. Die Freiheit des Systems legt eine starke Verantwortung in die Hände der Nutzer. Die Anwender müssen sich selbst um die Datensicherheit kümmern und tragen auch die Auswirkungen von Transaktionsirrtümern.

Im Moment ist Bitcoin vor allem für kleine Transaktionen gut geeignet, wenn die Gegenseite ebenfalls Bitcoin akzeptiert. Ob sich Bitcoin darüber hinaus als weltweiter Standard im Zahlungsverkehr entwickeln kann, wird sich in den kommenden Jahren zeigen.

Anhang: Geschichte des Bitcoin

Eine kurze Zusammenfassung der Bitcoin-Geschichte zeigt die rasante Entwicklung der Währung seit ihrer Einführung (ausführlicher unter https://en.bitcoin.it/wiki/History):

2008

- 18. August: Registrierung der Domain bitcoin.org.
- 31. Oktober: Veröffentlichung des Bitcoin-Aufsatzes von Satoshi Nakamoto.

2009

- 3. Januar: Die ersten 50 Bitcoin werden im sogenannten Genesis Block erzeugt.
- 11. Januar: Version 0.1 der Bitcoin-Software wird veröffentlicht.
- 12. Januar: Erste Bitcoin-Transaktion von Satoshi Nakamoto an Hal Finney.
- 5. Oktober: Erster Wechselkurs wird veröffentlicht: 1 Dollar = 1.309,03 Bitcoin.

2010

- 6. Februar: Erste Handelsplattform für Bitcoin wird eröffnet.
- 21. Mai: Kauf zweier Pizzas für 10.000 Bitcoin durch den User „laszlo".
- 17. Juli: Eröffnung der Handelsplattform Mt.Gox.
- 15. August: Erste Sicherheitslücke im System wird entdeckt und geschlossen.

- 6. November: Der Wechselkurs erreicht 0,5 Dollar für 1 Bitcoin.
- 16. Dezember: Der erste Mining Pool wird eröffnet.

2011

- 28. Januar: 5,25 Million Bitcoin sind erzeugt, d.h. ein Viertel der Gesamtmenge.
- 9. Februar: Der Dollar-Bitcoin-Wechselkurs erreicht Parität, 1 Dollar = 1 Bitcoin.
- 23. April: Der Euro-Bitcoin-Wechselkurs erreicht Parität, 1 Euro = 1 Bitcoin.
- 2. Juni: Der Bitcoin-Preis bei Mt.Gox erreicht die Marke von 10 Dollar.
- 8. Juni: Der Bitcoin-Kurs erreicht einen neuen Höchststand, 1 Bitcoin = 31,91 Dollar.
- 19. Juni: Nach einem Hackerangriff auf Mt.Gox sinkt der Kurs kurzzeitig auf 0,01 Dollar.
- 20. August: Erste Bitcoin-Konferenz in New York.
- 25. November: Erste europäische Bitcoin-Konferenz in Prag.

2012

- 15.–16. September: Bitcoin-Konferenz in London.
- 15. November: Die Website Wordpress.com akzeptiert Bitcoin als Zahlungsmittel.
- 28. November: Die generierten Bitcoin pro Block werden von 50 auf 25 reduziert.

2013

- 19. Februar: Der Bitcoin-Kurs erreicht mit 29,65 Dollar die Parität mit dem Preis einer Unze Silber.
- 10. April: Der Kurs erreicht mit 266 Dollar einen neuen Höchststand.
- 20. April: Der Bitcoin-Kurs stürzt auf 55 Dollar ab.
- 2. Mai: In San Diego, Kalifornien, wird der erste Bitcoin-Geldautomat der Öffentlichkeit vorgestellt.
- 17.–19. Mai: Bitcoin-Konferenz in San Jose, Kalifornien.
- 2. Juli: Europäische Bitcoin-Konferenz in London.
- 20. August: Bitcoin wird vom deutschen Finanzministerium als privates Geld und Recheneinheit anerkannt.
- 6. November: Bitcoin übertrifft mit 269 Dollar sein altes Allzeithoch vom April 2013.
- 17. November: Bitcoin erreicht mit 1.242 Dollar das bisherige Allzeithoch. Ein Bitcoin kostet kurzzeitig mehr als eine Unze Gold.
- 5. Dezember: Die chinesische Zentralbank verbietet den Banken des Landes Transaktionen mit Bitcoin. Der Kurs bricht um über 20 Prozent ein.
- 17. Dezember: Die chinesische Zentralbank schränkt den Bitcoin-Handel für Unternehmen ein. Der Kurs sinkt auf 500 Dollar.

2014

- 4. Januar: Zynga, der Anbieter populärer Online-Spiele akzeptiert Bitcoin als Zahlungsmittel für virtuelle Güter.

- 28. Februar: Mt.Gox meldet Insolvenz an, da bis zu 850.000 Bitcoin von den Konten der Handelsbörse verschwunden waren.

- 11. April: Der Bitcoin-Kurs erreicht mit 340 Dollar sein Jahrestief.

- 19. Juli: Der amerikanische Computerhersteller Dell akzeptiert Bitcoin in seinem Webshop.

- 31. Juli: Die Online-Enzyklopädie akzeptiert Spenden in Form von Bitcoin.

Anhang: Nützliche Links

http://www.bitcoin.org

Die Website des Bitcoin-Projekts mit grundlegenden Erklärungen und Downloadmöglichkeiten für verschiedene Versionen der Client-Software. Auf Englisch.

https://www.bitcoin.de

Größte deutschsprachige Handelsplattform für Bitcoin.

http://bitcoincharts.com

Website mit aktuellen Bitcoin-Wechselkursen und Charts. Auf Englisch.

http://www.bitcoinmonitor.com

Echtzeit-Übersicht aller Aktivitäten im Bitcoin-Netzwerk. Auf Englisch.

https://bitcointalk.org

Zentrales Forum der Bitcoin-Community, das alle Aspekte des Bitcoin-Systems behandelt. Hauptsächlich auf Englisch, mit deutscher Untersektion:
https://bitcointalk.org/index.php?board=16.0.

https://bitcoinwisdom.com

Übersicht über die Kurse der verschiedenen Handelsbörsen sowie umfangreiche Möglichkeit der Kursdarstellung mit Charts. Auf Englisch.

http://www.bitcoinx.com/profit

Umfangreicher Rechner, mit dessen Hilfe die Rentabilität von Mining berechnet werden kann. Auf Englisch.

https://www.bitaddress.org

Möglichkeit, Bitcoin-Adressen zu generieren, auch als ausdruckbare Speicheradressen. Auf Englisch.

http://blockchain.info

Echtzeit-Übersicht über die abgewickelten Transaktionen im Bitcoin-Netzwerk. Auf Englisch.

http://blockexplorer.com

Aktuelle Übersicht über die gelösten Blöcke des Bitcoin-Systems. Auf Englisch.

https://en.bitcoin.it

Umfangreiches Wiki über das Bitcoin-System. Enthält viele weitere Links in die Welt des Bitcoin-Netzwerkes. Auf Englisch.
Unter https://de.bitcoin.it/wiki/Hauptseite findet sich eine deutsche Übersetzung mit etwas weniger Inhalten.

https://de.bitcoin.it/wiki/Handel

Liste hauptsächlich deutschsprachiger Händler und Shops, die Bitcoin akzeptieren.
Unter https://en.bitcoin.it/wiki/Trade existiert ein internationales Verzeichnis.

http://guiminer.org

Software für das Bitcoin-Mining mit grafischer Benutzeroberfläche. Auf Englisch. Die Software kann auf Deutsch umgestellt werden.

https://localbitcoins.com

Plattform für den Tausch von Bitcoin zwischen Privatpersonen vor Ort.

Literaturverzeichnis

BATTERSON, Travis (2013): Bitcoin. A Basic Explanation of Everything. (E-book).

BERLOW, Glenn (2014): Bitcoins and Altcurrencies: Crimes, Mysteries and Controversies of the New Economy. (E-book).

CAUGHEY, Michael (2013): Bitcoin Step by Step. (E-book).

CAUGHEY, Michael (2013): Bitcoin Mining Step by Step. (E-book).

CHAMPAGNE, Phil (2014): The Book of Satoshi: The Collected Writings of Bitcoin Creator Satoshi Nakamoto. (E-book).

CHRISTIN, Nicolas (2012): Traveling the Silk Road. A Measurement Analysis of a Large Anonymous Online Marketplace. Abrufbar unter: http://arxiv.org/abs/1207.7139v2.

CLARK, Chris (2013): Bitcoin Internals: A Technical Guide to Bitcoin. (E-book).

DALE, James (2013): Profiting With Bitcoin. (E-book).

DENNIS, Jarrod; WRIGHT, Max (2013): Bitcoin Revolution. Ending Tyranny for Fun and Profit. (E-book).

DORIT, Ron; SHAMIR, Adi (2012): Quantitative Analysis of the Full Bitcoin Transaction Graph. Abrufbar unter: http://eprint.iacr.org/2012/584.pdf.

EUROPÄISCHE ZENTRALBANK (2012): Virtual Currency Schemes. Frankfurt am Main.

GISCHER, Horst; HERZ, Bernhard; MENKHOFF, Lukas (2012): Geld, Kredit und Banken. Eine Einführung. Heidelberg.

GUTTMANN, Benjamin (2014): The Bitcoin Bible Gold Edition: All You Need to Know about Bitcoins and More. (E-book).

HAYEK, Friedrich A. (1976): Denationalisation of Money: The Argument Refined. An Analysis of the Theory and Practice of Concurrent Currencies Series. London.

KERSCHER, Daniel (2014): Handbuch der digitalen Währungen. Bitcoin, Litecoin und 150 weitere Kryptowährungen im Überblick. Dingolfing.

KOKKOLA, Tom (2010): The Payment System. Payments, Securities and Derivates, and the Role of the Eurosystem. Frankfurt am Main

KRAUSS, Jon T. (2014): Introduction to Cryptocurrencies. Mining Bitcoin & Beyond. (E-book).

MÖLLEKEN, Dirk (2012): Bitcoin. Geld ohne Banken. Ist das möglich? Hamburg.

MÜNZER, Jens (2014): Bitcoins. Aufsichtliche Bewertung und Risiken für Nutzer. In: BaFin Journal Januar 2014, S. 26–30. Abrufbar unter: https://www.bafin.de/SharedDocs/ Downloads/DE/ BaFinJournal/2014/bj_1401.html.

NAKAMOTO, Satoshi (2009): Bitcoin. A Peer-to-Peer Electronic Cash System. Abrufbar unter: http://bitcoin.org/ bitcoin.pdf.

NEUMANN, Heike B.; SCHWARZPAUL, Thomas (2010): Kryptografie in Theorie und Praxis. Wiesbaden.

PAGLIERY, JOSE (2014): Bitcoin: And the Future of Money. Chicago.

PALLAS, Carsten (2005): Ludwig von Mises als Pionier der modernen Geld- und Konjunkturlehre. Eine Studie zu den monetären Grundlagen der Austrian Economics. Marburg.

THE LIBRARY OF CONGRESS (2014): Regulation of Bitcoin in Selected Jurisdictions. Abrufbar unter: http://www.loc.gov/law/help/bitcoin-survey/index.php.

WEAVER, N. Lamont (2014): Altcoins. An Alternative Currency Primer. (E-book)

WIKIPEDIA (2014): Bitcoin. Abrufbar unter: http://de.wikipedia.org/wiki/Bitcoin.

Rechtliche Hinweise

Wir sind um die Richtigkeit und Aktualität der in diesem Buch dargestellten Informationen bemüht. Trotzdem können Fehler und Unklarheiten nicht vollständig ausgeschlossen werden. Aus diesem Grund übernehmen wir keine Gewähr für die Aktualität, Richtigkeit und Vollständigkeit der bereitgestellten Informationen. Weder Autor noch Verlag können für Schäden haftbar gemacht werden, die in Zusammenhang mit der Verwendung dieses Buches stehen. Für Hinweise auf Fehler oder Unklarheiten sind wir dankbar. Schreiben Sie uns dazu bitte an info@kemacon.de.

Die Inhalte dieses Buchs dienen ausschließlich der Information und stellen keine Anlageberatung und keine Empfehlung im Sinne des Wertpapierhandelsgesetzes (WpHG) dar.

Für Inhalte der in diesem Buch abgedruckten Internetseiten sind ausschließlich die Betreiber der jeweiligen Internetseiten verantwortlich. Verlag und Autor haben keinen Einfluss auf die Gestaltung und Inhalte fremder Internetseiten. Verlag und Autor distanzieren sich daher von allen fremden Inhalten.

Texte und Grafiken dieses Buchs sind urheberrechtlich geschützt. Grundsätzlich ist eine Nutzung ohne Genehmigung des jeweiligen Urhebers oder Rechteinhabers nicht zulässig. Alle in diesem Buch verwendeten Markennamen und eingetragenen Warenzeichen sind Eigentum ihrer rechtmäßigen Inhaber. Sie dienen hier nur der Beschreibung und Identifikation der jeweiligen Firmen, Produkte und Dienstleistungen.

Noch mehr Wissenswertes über Kryptowährungen:

Handbuch der digitalen Währungen

Bitcoin, Litecoin und 150 weitere Kryptowährungen im Überblick

Daniel Kerscher

Handbuch der digitalen Währungen

Bitcoin, Litecoin und 150 weitere Kryptowährungen im Überblick

Am Anfang war Bitcoin. Nach einem gemächlichen Start vollzog die digitale Währung eine außergewöhnliche Entwicklung, die innerhalb von fünf Jahren einen gewaltigen Wertzuwachs zur Folge hatte. Zeitweise war ein Bitcoin wertvoller als eine Unze Gold. Ein derartiger Erfolg regt Nachahmer an und mittlerweile gibt es zahlreiche Kryptowährungen, die versuchen, die Entwicklung von Bitcoin zu übertreffen.

In diesem Buch werden viele Kryptowährungen vorgestellt, von A wie AlphaOmegacoin bis Z wie Zetacoin. Noch ist keine der neuen Währungen so erfolgreich oder wertvoll wie Bitcoin, aber schon morgen könnte sich das ändern.

1. Auflage 2014, 230 Seiten, Paperback
9,90 € (D), 10,20 € (A), 19,90 SFR (CH)
ISBN: 978-3-9816017-3-2
Auch als E-Book erhältlich (ISBN: 978-3-9816017-6-3)

14174155R10092

Printed in Poland
by Amazon Fulfillment
Poland Sp. z o.o., Wrocław